工会法及相关规定学习汇编

中国法制出版社

编辑说明

工人阶级是我国的领导阶级，是先进生产力和生产关系的代表，是中国共产党最坚实最可靠的阶级基础，是改革开放和社会主义现代化建设的主力军，是维护社会安定的强大而集中的社会力量。

中国工会是中国共产党领导的职工自愿结合的工人阶级群众组织，是党联系职工群众的桥梁和纽带，是国家政权的重要社会支柱，是会员和职工利益的代表。中国工会坚持自觉接受中国共产党的领导，承担团结引导职工群众听党话、跟党走的政治责任，巩固和扩大党执政的阶级基础和群众基础。2018年10月29日，习近平在中南海同中华全国总工会新一届领导班子成员集体谈话并发表重要讲话。习近平强调，工会要忠诚党的事业，通过扎实有效的工作把坚持党的领导和我国社会主义制度落实到广大职工群众中去。

2021年12月24日，第十三届全国人民代表大会常务委员会第三十二次会议通过《关于修改〈中华人民共和国工会法〉的决定》，进一步完善了工会职责定位和工作制度，修改后的《中华人民共和国工会法》自2022年1月1日起施行。此次修改切实加强党对工会工作的领导，及时将行之有效的经验做法上升为法律规定，增强了工会组织的政治性、先进性、群众性，能更好发挥工会在维护职工合法权益、服务职工群众方面的职能作用。

为了方便工会工作人员开展工作，助力广大职工群众学习和掌握工会相关规定，我们精心编写了《工会法及相关规定学习汇编》一书。本书收录新修正的《中华人民共和国工会法》，从综合、工作规定、组织经费规定、人事制度规定、劳动保护规定及其他规定六个部分，对工会法及相关文件进行整理汇编，是开展工会工作和学习工会知识的有益用书。

由于编写水平有限，书中疏漏之处还请读者朋友不吝指教，我们将不断补充完善！

目 录

一、综 合

中华人民共和国工会法 …………………………………… 1
  （2021 年 12 月 24 日）
最高人民法院关于在民事审判工作中适用《中华人民
 共和国工会法》若干问题的解释 ………………………… 13
  （2020 年 12 月 23 日）
中国工会章程 ………………………………………………… 15
  （2018 年 10 月 26 日）
中国工运事业和工会工作"十四五"发展规划 …………… 32
  （2021 年 7 月 16 日）

二、工作规定

机关工会工作暂行条例 ……………………………………… 69
  （2015 年 6 月 26 日）
事业单位工会工作条例 ……………………………………… 77
  （2018 年 9 月 4 日）

企业工会工作条例 ·· 87
　　（2006 年 12 月 11 日）
工会基层组织选举工作条例 ······························· 100
　　（2016 年 10 月 9 日）
基层工会会员代表大会条例 ······························· 107
　　（2019 年 1 月 15 日）

三、组织经费规定

基层工会法人登记管理办法 ······························· 116
　　（2020 年 12 月 8 日）
工会会计制度 ·· 123
　　（2021 年 4 月 14 日）
工会预算管理办法 ··· 139
　　（2019 年 12 月 31 日）
基层工会经费收支管理办法 ······························· 150
　　（2017 年 12 月 15 日）
中华全国总工会关于工会企事业单位资产监督管理的
　　暂行规定 ··· 159
　　（2007 年 9 月 28 日）

四、人事制度规定

工会会员会籍管理办法 ···································· 166
　　（2016 年 12 月 12 日）

企业工会主席合法权益保护暂行办法 ·············· 170
　　（2007年8月20日）
企业工会主席产生办法（试行）·················· 173
　　（2008年7月25日）
全国模范职工之家、全国模范职工小家、全国优秀工
　　会工作者评选表彰管理办法 ················· 176
　　（2020年8月10日）

五、劳动保护规定

工会劳动保护工作责任制（试行）················· 188
　　（2005年6月22日）
工会法律援助办法 ···························· 191
　　（2008年8月11日）
工会送温暖资金使用管理办法（试行）·············· 196
　　（2018年12月21日）

六、其他规定

中华全国总工会、民政部、人力资源社会保障部关于
　　加强工会社会工作专业人才队伍建设的指导意见 ······ 200
　　（2016年12月5日）
中华全国总工会关于加强乡镇（街道）工会建设的若
　　干意见 ······························· 208
　　（2019年12月27日）

中华全国总工会关于加强和规范区域性、行业性工会
联合会建设的意见 ………………………………………… 213
（2020年1月15日）
中华全国总工会关于切实维护新就业形态劳动者劳动
保障权益的意见 …………………………………………… 219
（2021年7月28日）

一、综 合

中华人民共和国工会法

（1992年4月3日第七届全国人民代表大会第五次会议通过 根据2001年10月27日第九届全国人民代表大会常务委员会第二十四次会议《关于修改〈中华人民共和国工会法〉的决定》第一次修正 根据2009年8月27日第十一届全国人民代表大会常务委员会第十次会议《关于修改部分法律的决定》第二次修正 根据2021年12月24日第十三届全国人民代表大会常务委员会第三十二次会议《关于修改〈中华人民共和国工会法〉的决定》第三次修正）

目 录

第一章 总 则
第二章 工会组织
第三章 工会的权利和义务
第四章 基层工会组织
第五章 工会的经费和财产
第六章 法律责任
第七章 附 则

第一章 总 则

第一条 为保障工会在国家政治、经济和社会生活中的地位，确定工会的权利与义务，发挥工会在社会主义现代化建设事业中的作用，根据宪法，制定本法。

第二条 工会是中国共产党领导的职工自愿结合的工人阶级群众组织，是中国共产党联系职工群众的桥梁和纽带。

中华全国总工会及其各工会组织代表职工的利益，依法维护职工的合法权益。

第三条 在中国境内的企业、事业单位、机关、社会组织（以下统称用人单位）中以工资收入为主要生活来源的劳动者，不分民族、种族、性别、职业、宗教信仰、教育程度，都有依法参加和组织工会的权利。任何组织和个人不得阻挠和限制。

工会适应企业组织形式、职工队伍结构、劳动关系、就业形态等方面的发展变化，依法维护劳动者参加和组织工会的权利。

第四条 工会必须遵守和维护宪法，以宪法为根本的活动准则，以经济建设为中心，坚持社会主义道路，坚持人民民主专政，坚持中国共产党的领导，坚持马克思列宁主义、毛泽东思想、邓小平理论、"三个代表"重要思想、科学发展观、习近平新时代中国特色社会主义思想，坚持改革开放，保持和增强政治性、先进性、群众性，依照工会章程独立自主地开展工作。

工会会员全国代表大会制定或者修改《中国工会章程》，章程不得与宪法和法律相抵触。

国家保护工会的合法权益不受侵犯。

第五条 工会组织和教育职工依照宪法和法律的规定行使民主权利，发挥国家主人翁的作用，通过各种途径和形式，参与管理国家事务、管理经济和文化事业、管理社会事务；协助人民政府开展工作，维护工人阶级领导的、以工农联盟为基础的人民民主专政的社会主义国家政权。

第六条 维护职工合法权益、竭诚服务职工群众是工会的基本职责。工会在维护全国人民总体利益的同时，代表和维护职工的合法权益。

工会通过平等协商和集体合同制度等，推动健全劳动关系协调机制，维护职工劳动权益，构建和谐劳动关系。

工会依照法律规定通过职工代表大会或者其他形式，组织职工参与本单位的民主选举、民主协商、民主决策、民主管理和民主监督。

工会建立联系广泛、服务职工的工会工作体系，密切联系职工，听取和反映职工的意见和要求，关心职工的生活，帮助职工解决困难，全心全意为职工服务。

第七条 工会动员和组织职工积极参加经济建设，努力完成生产任务和工作任务。教育职工不断提高思想道德、技术业务和科学文化素质，建设有理想、有道德、有文化、有纪律的职工队伍。

第八条 工会推动产业工人队伍建设改革，提高产业工人队伍整体素质，发挥产业工人骨干作用，维护产业工人合法权益，保障产业工人主人翁地位，造就一支有理想守信念、懂技术会创新、敢担当讲奉献的宏大产业工人队伍。

第九条 中华全国总工会根据独立、平等、互相尊重、互不干涉内部事务的原则，加强同各国工会组织的友好合作关系。

第二章　工　会　组　织

第十条 工会各级组织按照民主集中制原则建立。

各级工会委员会由会员大会或者会员代表大会民主选举产生。

企业主要负责人的近亲属不得作为本企业基层工会委员会成员的人选。

各级工会委员会向同级会员大会或者会员代表大会负责并报告工作，接受其监督。

工会会员大会或者会员代表大会有权撤换或者罢免其所选举的代表或者工会委员会组成人员。

上级工会组织领导下级工会组织。

第十一条 用人单位有会员二十五人以上的，应当建立基层工会委员会；不足二十五人的，可以单独建立基层工会委员会，也可以由两个以上单位的会员联合建立基层工会委员会，也可以选举组织员一人，组织会员开展活动。女职工人数较多的，可以建立工会女职工委员会，在同级工会领导下开展工作；女职工人数较少的，可以在工会委员会中设女职工委员。

企业职工较多的乡镇、城市街道，可以建立基层工会的联合会。

县级以上地方建立地方各级总工会。

同一行业或者性质相近的几个行业，可以根据需要建立全国的或者地方的产业工会。

全国建立统一的中华全国总工会。

第十二条 基层工会、地方各级总工会、全国或者地方产业工会组织的建立，必须报上一级工会批准。

上级工会可以派员帮助和指导企业职工组建工会，任何单位和个人不得阻挠。

第十三条 任何组织和个人不得随意撤销、合并工会组织。

基层工会所在的用人单位终止或者被撤销，该工会组织相应撤销，并报告上一级工会。

依前款规定被撤销的工会，其会员的会籍可以继续保留，具体管理办法由中华全国总工会制定。

第十四条 职工二百人以上的企业、事业单位、社会组织的工会，可以设专职工会主席。工会专职工作人员的人数由工会与企业、事业单位、社会组织协商确定。

第十五条 中华全国总工会、地方总工会、产业工会具有社会团体法人资格。

基层工会组织具备民法典规定的法人条件的，依法取得社会团体法人资格。

第十六条 基层工会委员会每届任期三年或者五年。各级地方总工会委员会和产业工会委员会每届任期五年。

第十七条 基层工会委员会定期召开会员大会或者会员代表大会，讨论决定工会工作的重大问题。经基层工会委员会或者三分之一以上的工会会员提议，可以临时召开会员大会或者会员代表大会。

第十八条 工会主席、副主席任期未满时，不得随意调动其工作。因工作需要调动时，应当征得本级工会委员会和上一级工会的同意。

罢免工会主席、副主席必须召开会员大会或者会员代表大会讨论，非经会员大会全体会员或者会员代表大会全体代表过半数通过，不得罢免。

第十九条 基层工会专职主席、副主席或者委员自任职之日起，其劳动合同期限自动延长，延长期限相当于其任职期间；非专职主席、副主席或者委员自任职之日起，其尚未履行的劳动合同期限短于任期的，劳动合同期限自动延长至任期期满。但是，任职期间个人严重过失或者达到法定退休年龄的除外。

第三章　工会的权利和义务

第二十条 企业、事业单位、社会组织违反职工代表大会制度和其他民主管理制度，工会有权要求纠正，保障职工依法行使民主管理的权利。

法律、法规规定应当提交职工大会或者职工代表大会审议、通过、决定的事项，企业、事业单位、社会组织应当依法办理。

第二十一条　工会帮助、指导职工与企业、实行企业化管理的事业单位、社会组织签订劳动合同。

工会代表职工与企业、实行企业化管理的事业单位、社会组织进行平等协商，依法签订集体合同。集体合同草案应当提交职工代表大会或者全体职工讨论通过。

工会签订集体合同，上级工会应当给予支持和帮助。

企业、事业单位、社会组织违反集体合同，侵犯职工劳动权益的，工会可以依法要求企业、事业单位、社会组织予以改正并承担责任；因履行集体合同发生争议，经协商解决不成的，工会可以向劳动争议仲裁机构提请仲裁，仲裁机构不予受理或者对仲裁裁决不服的，可以向人民法院提起诉讼。

第二十二条　企业、事业单位、社会组织处分职工，工会认为不适当的，有权提出意见。

用人单位单方面解除职工劳动合同时，应当事先将理由通知工会，工会认为用人单位违反法律、法规和有关合同，要求重新研究处理时，用人单位应当研究工会的意见，并将处理结果书面通知工会。

职工认为用人单位侵犯其劳动权益而申请劳动争议仲裁或者向人民法院提起诉讼的，工会应当给予支持和帮助。

第二十三条　企业、事业单位、社会组织违反劳动法律法规规定，有下列侵犯职工劳动权益情形，工会应当代表职工与企业、事业单位、社会组织交涉，要求企业、事业单位、社会组织采取措施予以改正；企业、事业单位、社会组织应当予以研究处理，并向工会作出答复；企业、事业单位、社会组织拒不改正的，工会可以提请当地人民政府依法作出处理：

（一）克扣、拖欠职工工资的；

（二）不提供劳动安全卫生条件的；

（三）随意延长劳动时间的；

（四）侵犯女职工和未成年工特殊权益的；

（五）其他严重侵犯职工劳动权益的。

第二十四条 工会依照国家规定对新建、扩建企业和技术改造工程中的劳动条件和安全卫生设施与主体工程同时设计、同时施工、同时投产使用进行监督。对工会提出的意见，企业或者主管部门应当认真处理，并将处理结果书面通知工会。

第二十五条 工会发现企业违章指挥、强令工人冒险作业，或者生产过程中发现明显重大事故隐患和职业危害，有权提出解决的建议，企业应当及时研究答复；发现危及职工生命安全的情况时，工会有权向企业建议组织职工撤离危险现场，企业必须及时作出处理决定。

第二十六条 工会有权对企业、事业单位、社会组织侵犯职工合法权益的问题进行调查，有关单位应当予以协助。

第二十七条 职工因工伤亡事故和其他严重危害职工健康问题的调查处理，必须有工会参加。工会应当向有关部门提出处理意见，并有权要求追究直接负责的主管人员和有关责任人员的责任。对工会提出的意见，应当及时研究，给予答复。

第二十八条 企业、事业单位、社会组织发生停工、怠工事件，工会应当代表职工同企业、事业单位、社会组织或者有关方面协商，反映职工的意见和要求并提出解决意见。对于职工的合理要求，企业、事业单位、社会组织应当予以解决。工会协助企业、事业单位、社会组织做好工作，尽快恢复生产、工作秩序。

第二十九条 工会参加企业的劳动争议调解工作。

地方劳动争议仲裁组织应当有同级工会代表参加。

第三十条 县级以上各级总工会依法为所属工会和职工提供法律援助等法律服务。

第三十一条 工会协助用人单位办好职工集体福利事业，做好工资、劳动安全卫生和社会保险工作。

第三十二条 工会会同用人单位加强对职工的思想政治引领，教育职工以国家主人翁态度对待劳动，爱护国家和单位的财产；组织职工开展群众性的合理化建议、技术革新、劳动和技能竞赛活动，进行业余文化技术学习和职工培训，参加职业教育和文化体育活动，推进职业安全健康教育和劳动保护工作。

第三十三条 根据政府委托，工会与有关部门共同做好劳动模范和先进生产（工作）者的评选、表彰、培养和管理工作。

第三十四条 国家机关在组织起草或者修改直接涉及职工切身利益的法律、法规、规章时，应当听取工会意见。

县级以上各级人民政府制定国民经济和社会发展计划，对涉及职工利益的重大问题，应当听取同级工会的意见。

县级以上各级人民政府及其有关部门研究制定劳动就业、工资、劳动安全卫生、社会保险等涉及职工切身利益的政策、措施时，应当吸收同级工会参加研究，听取工会意见。

第三十五条 县级以上地方各级人民政府可以召开会议或者采取适当方式，向同级工会通报政府的重要的工作部署和与工会工作有关的行政措施，研究解决工会反映的职工群众的意见和要求。

各级人民政府劳动行政部门应当会同同级工会和企业方面代表，建立劳动关系三方协商机制，共同研究解决劳动关系方面的重大问题。

第四章　基层工会组织

第三十六条　国有企业职工代表大会是企业实行民主管理的基本形式，是职工行使民主管理权力的机构，依照法律规定行使职权。

国有企业的工会委员会是职工代表大会的工作机构，负责职工代表大会的日常工作，检查、督促职工代表大会决议的执行。

第三十七条　集体企业的工会委员会，应当支持和组织职工参加民主管理和民主监督，维护职工选举和罢免管理人员、决定经营管理的重大问题的权力。

第三十八条　本法第三十六条、第三十七条规定以外的其他企业、事业单位的工会委员会，依照法律规定组织职工采取与企业、事业单位相适应的形式，参与企业、事业单位民主管理。

第三十九条　企业、事业单位、社会组织研究经营管理和发展的重大问题应当听取工会的意见；召开会议讨论有关工资、福利、劳动安全卫生、工作时间、休息休假、女职工保护和社会保险等涉及职工切身利益的问题，必须有工会代表参加。

企业、事业单位、社会组织应当支持工会依法开展工作，工会应当支持企业、事业单位、社会组织依法行使经营管理权。

第四十条　公司的董事会、监事会中职工代表的产生，依照公司法有关规定执行。

第四十一条　基层工会委员会召开会议或者组织职工活动，应当在生产或者工作时间以外进行，需要占用生产或者工作时间的，应当事先征得企业、事业单位、社会组织的同意。

基层工会的非专职委员占用生产或者工作时间参加会议或者从事工会工作，每月不超过三个工作日，其工资照发，其他待遇不受影响。

第四十二条 用人单位工会委员会的专职工作人员的工资、奖励、补贴，由所在单位支付。社会保险和其他福利待遇等，享受本单位职工同等待遇。

第五章 工会的经费和财产

第四十三条 工会经费的来源：

（一）工会会员缴纳的会费；

（二）建立工会组织的用人单位按每月全部职工工资总额的百分之二向工会拨缴的经费；

（三）工会所属的企业、事业单位上缴的收入；

（四）人民政府的补助；

（五）其他收入。

前款第二项规定的企业、事业单位、社会组织拨缴的经费在税前列支。

工会经费主要用于为职工服务和工会活动。经费使用的具体办法由中华全国总工会制定。

第四十四条 企业、事业单位、社会组织无正当理由拖延或者拒不拨缴工会经费，基层工会或者上级工会可以向当地人民法院申请支付令；拒不执行支付令的，工会可以依法申请人民法院强制执行。

第四十五条 工会应当根据经费独立原则，建立预算、决算和经费审查监督制度。

各级工会建立经费审查委员会。

各级工会经费收支情况应当由同级工会经费审查委员会审查，并且定期向会员大会或者会员代表大会报告，接受监督。工会会员大会或者会员代表大会有权对经费使用情况提出意见。

工会经费的使用应当依法接受国家的监督。

第四十六条 各级人民政府和用人单位应当为工会办公和开展活动，提供必要的设施和活动场所等物质条件。

第四十七条 工会的财产、经费和国家拨给工会使用的不动产，任何组织和个人不得侵占、挪用和任意调拨。

第四十八条 工会所属的为职工服务的企业、事业单位，其隶属关系不得随意改变。

第四十九条 县级以上各级工会的离休、退休人员的待遇，与国家机关工作人员同等对待。

第六章 法律责任

第五十条 工会对违反本法规定侵犯其合法权益的，有权提请人民政府或者有关部门予以处理，或者向人民法院提起诉讼。

第五十一条 违反本法第三条、第十二条规定，阻挠职工依法参加和组织工会或者阻挠上级工会帮助、指导职工筹建工会的，由劳动行政部门责令其改正；拒不改正的，由劳动行政部门提请县级以上人民政府处理；以暴力、威胁等手段阻挠造成严重后果，构成犯罪的，依法追究刑事责任。

第五十二条 违反本法规定，对依法履行职责的工会工作人员无正当理由调动工作岗位，进行打击报复的，由劳动行政部门责令改正、恢复原工作；造成损失的，给予赔偿。

对依法履行职责的工会工作人员进行侮辱、诽谤或者进行人身伤害，构成犯罪的，依法追究刑事责任；尚未构成犯罪的，由公安机关依照治安管理处罚法的规定处罚。

第五十三条 违反本法规定，有下列情形之一的，由劳动行政部门责令恢复其工作，并补发被解除劳动合同期间应得的报酬，或者责令给予本人年收入二倍的赔偿：

（一）职工因参加工会活动而被解除劳动合同的；

（二）工会工作人员因履行本法规定的职责而被解除劳动合同的。

第五十四条 违反本法规定，有下列情形之一的，由县级以上人民政府责令改正，依法处理：

（一）妨碍工会组织职工通过职工代表大会和其他形式依法行使民主权利的；

（二）非法撤销、合并工会组织的；

（三）妨碍工会参加职工因工伤亡事故以及其他侵犯职工合法权益问题的调查处理的；

（四）无正当理由拒绝进行平等协商的。

第五十五条 违反本法第四十七条规定，侵占工会经费和财产拒不返还的，工会可以向人民法院提起诉讼，要求返还，并赔偿损失。

第五十六条 工会工作人员违反本法规定，损害职工或者工会权益的，由同级工会或者上级工会责令改正，或者予以处分；情节严重的，依照《中国工会章程》予以罢免；造成损失的，应当承担赔偿责任；构成犯罪的，依法追究刑事责任。

第七章 附 则

第五十七条 中华全国总工会会同有关国家机关制定机关工会实施本法的具体办法。

第五十八条 本法自公布之日起施行。1950年6月29日中央人民政府颁布的《中华人民共和国工会法》同时废止。

最高人民法院关于在民事审判工作中适用《中华人民共和国工会法》若干问题的解释

(2003年1月9日最高人民法院审判委员会第1263次会议通过 根据2020年12月23日最高人民法院审判委员会第1823次会议通过的《最高人民法院关于修改〈最高人民法院关于在民事审判工作中适用《中华人民共和国工会法》若干问题的解释〉等二十七件民事类司法解释的决定》修正)

为正确审理涉及工会经费和财产、工会工作人员权利的民事案件,维护工会和职工的合法权益,根据《中华人民共和国民法典》《中华人民共和国工会法》和《中华人民共和国民事诉讼法》等法律的规定,现就有关法律的适用问题解释如下:

第一条 人民法院审理涉及工会组织的有关案件时,应当认定依照工会法建立的工会组织的社团法人资格。具有法人资格的工会组织依法独立享有民事权利,承担民事义务。建立工会的企业、事业单位、机关与所建工会以及工会投资兴办的企业,根据法律和司法解释的规定,应当分别承担各自的民事责任。

第二条 根据工会法第十八条规定,人民法院审理劳动争议案件,涉及确定基层工会专职主席、副主席或者委员延长的劳动合同期限的,应当自上述人员工会职务任职期限届满之日起计算,延长的期限等于其工会职务任职的期间。

工会法第十八条规定的"个人严重过失",是指具有《中华人民共和国劳动法》第二十五条第(二)项、第(三)项或者第(四)项规定的情形。

第三条 基层工会或者上级工会依照工会法第四十三条规定向人民法院申请支付令的，由被申请人所在地的基层人民法院管辖。

第四条 人民法院根据工会法第四十三条的规定受理工会提出的拨缴工会经费的支付令申请后，应当先行征询被申请人的意见。被申请人仅对应拨缴经费数额有异议的，人民法院应当就无异议部分的工会经费数额发出支付令。

人民法院在审理涉及工会经费的案件中，需要按照工会法第四十二条第一款第（二）项规定的"全部职工""工资总额"确定拨缴数额的，"全部职工""工资总额"的计算，应当按照国家有关部门规定的标准执行。

第五条 根据工会法第四十三条和民事诉讼法的有关规定，上级工会向人民法院申请支付令或者提起诉讼，要求企业、事业单位拨缴工会经费的，人民法院应当受理。基层工会要求参加诉讼的，人民法院可以准许其作为共同申请人或者共同原告参加诉讼。

第六条 根据工会法第五十二条规定，人民法院审理涉及职工和工会工作人员因参加工会活动或者履行工会法规定的职责而被解除劳动合同的劳动争议案件，可以根据当事人的请求裁判用人单位恢复其工作，并补发被解除劳动合同期间应得的报酬；或者根据当事人的请求裁判用人单位给予本人年收入二倍的赔偿，并根据劳动合同法第四十六条、第四十七条规定给予解除劳动合同时的经济补偿。

第七条 对于企业、事业单位无正当理由拖延或者拒不拨缴工会经费的，工会组织向人民法院请求保护其权利的诉讼时效期间，适用民法典第一百八十八条的规定。

第八条 工会组织就工会经费的拨缴向人民法院申请支付令

的，应当按照《诉讼费用交纳办法》第十四条的规定交纳申请费；督促程序终结后，工会组织另行起诉的，按照《诉讼费用交纳办法》第十三条规定的财产案件受理费标准交纳诉讼费用。

中国工会章程

(2018年10月26日中国工会第十七次全国代表大会通过)

总　　则

中国工会是中国共产党领导的职工自愿结合的工人阶级群众组织，是党联系职工群众的桥梁和纽带，是国家政权的重要社会支柱，是会员和职工利益的代表。

中国工会以宪法为根本活动准则，按照《中华人民共和国工会法》和本章程独立自主地开展工作，依法行使权利和履行义务。

工人阶级是我国的领导阶级，是先进生产力和生产关系的代表，是中国共产党最坚实最可靠的阶级基础，是改革开放和社会主义现代化建设的主力军，是维护社会安定的强大而集中的社会力量。中国工会高举中国特色社会主义伟大旗帜，以马克思列宁主义、毛泽东思想、邓小平理论、"三个代表"重要思想、科学发展观、习近平新时代中国特色社会主义思想为指导，贯彻执行党的以经济建设为中心，坚持四项基本原则，坚持改革开放的基本路线，保持和增强政治性、先进性、群众性，坚定不移地走中国特色社会主义工会发展道路，推动党的全心全意依靠工人阶级的根本指导方针的贯彻落实，全面履行工会的社会职能，在维护全国人民总体利益的同时，更好地表达和维护职工的具体利益，团结和动员全国职工自力更生、艰苦创业，坚持和发展中国特色社会主义，为全面建成小康社会、把我国建设成为富强民主文明和谐美丽的社会主义现代化强国、实现中华民族伟大复兴的中国梦而奋斗。

中国工会坚持自觉接受中国共产党的领导，承担团结引导职工群众听党话、跟党走的政治责任，巩固和扩大党执政的阶级基础和群众基础。

中国工会的基本职责是维护职工合法权益、竭诚服务职工群众。

中国工会按照中国特色社会主义事业"五位一体"总体布局和"四个全面"战略布局，贯彻创新、协调、绿色、开放、共享的发展理念，把握为实现中华民族伟大复兴的中国梦而奋斗的工人运动时代主题，弘扬劳模精神、劳动精神、工匠精神，动员和组织职工积极参加建设和改革，努力促进经济、政治、文化、社会和生态文明建设；代表和组织职工参与国家和社会事务管理，参与企业、事业单位和机关的民主管理；教育职工践行社会主义核心价值观，不断提高思想道德素质、科学文化素质和技术技能素质，推进产业工人队伍建设改革，建设有理想、有道德、有文化、有纪律的职工队伍，不断发展工人阶级先进性。

中国工会以忠诚党的事业、竭诚服务职工为己任，坚持组织起来、切实维权的工作方针，坚持以职工为本、主动依法科学维权的维权观，促进完善社会主义劳动法律，维护职工的经济、政治、文化和社会权利，参与协调劳动关系和社会利益关系，推动构建和谐劳动关系，促进经济高质量发展和社会的长期稳定，维护工人阶级和工会组织的团结统一，为构建社会主义和谐社会作贡献。

中国工会维护工人阶级领导的、以工农联盟为基础的人民民主专政的社会主义国家政权，协助人民政府开展工作，依法发挥民主参与和社会监督作用。

中国工会在企业、事业单位中，按照促进企事业发展、维护职工权益的原则，支持行政依法行使管理权力，组织职工参加民主管理和民主监督，与行政方面建立协商制度，保障职工的合法权益，调动职工的积极性，促进企业、事业的发展。

中国工会实行产业和地方相结合的组织领导原则，坚持民主集中制。

中国工会坚持以改革创新精神加强自身建设，构建联系广泛、服务职工的工作体系，增强团结教育、维护权益、服务职工的功能，坚持群众化、民主化，保持同会员群众的密切联系，依靠会员群众开展工会工作。各级工会领导机关坚持把工作重点放到基层，着力扩大覆盖面、增强代表性，着力强化服务意识、提高维权能力，着力加强队伍建设、提升保障水平，坚持服务职工群众的工作生命线，全心全意为基层、为职工服务，构建智慧工会，增强基层工会的吸引力凝聚力战斗力，把工会组织建设得更加充满活力、更加坚强有力，成为深受职工群众信赖的学习型、服务型、创新型"职工之家"。

工会兴办的企业、事业，坚持公益性、服务性，坚持为改革开放和发展社会生产力服务，为职工群众服务，为推进工运事业服务。

中国工会努力巩固和发展工农联盟，坚持最广泛的爱国统一战线，加强包括香港特别行政区同胞、澳门特别行政区同胞、台湾同胞和海外侨胞在内的全国各族人民的大团结，促进祖国的统一、繁荣和富强。

中国工会在国际事务中坚持独立自主、互相尊重、求同存异、加强合作、增进友谊的方针，在独立、平等、互相尊重、互不干涉内部事务的原则基础上，广泛建立和发展同国际和各国工会组织的友好关系，积极参与"一带一路"建设，增进我国工人阶级同各国工人阶级的友谊,同全世界工人和工会一起,在推动构建人类命运共同体中发挥作用,为世界的和平、发展、合作、工人权益和社会进步而共同努力。

中国工会落实新时代党的建设总要求,以党的政治建设为统领,全面加强党的建设,增强政治意识、大局意识、核心意识、看齐意识,坚定道路自信、理论自信、制度自信、文化自信,坚决维护习近平总书记党中央的核心、全党的核心地位,坚决维护党中央权威和集中统一领导,在思想上政治上行动上同以习近平同志为核心的党中央保持高度一致。

第一章 会　　员

第一条 凡在中国境内的企业、事业单位、机关和其他社会组织中,以工资收入为主要生活来源或者与用人单位建立劳动关系的体力劳动者和脑力劳动者,不分民族、种族、性别、职业、宗教信仰、教育程度,承认工会章程,都可以加入工会为会员。

第二条 职工加入工会,由本人自愿申请,经工会基层委员会批准并发给会员证。

第三条 会员享有以下权利:

(一)选举权、被选举权和表决权。

(二)对工会工作进行监督,提出意见和建议,要求撤换或者罢免不称职的工会工作人员。

(三)对国家和社会生活问题及本单位工作提出批评与建议,要求工会组织向有关方面如实反映。

(四)在合法权益受到侵犯时,要求工会给予保护。

(五)工会提供的文化、教育、体育、旅游、疗休养、互助保障、生活救助、法律服务、就业服务等优惠待遇;工会给予的各种奖励。

（六）在工会会议和工会媒体上，参加关于工会工作和职工关心问题的讨论。

第四条 会员履行下列义务：

（一）认真学习贯彻习近平新时代中国特色社会主义思想，学习政治、经济、文化、法律、科学、技术和工会基本知识等。

（二）积极参加民主管理，努力完成生产和工作任务，立足本职岗位建功立业。

（三）遵守宪法和法律，践行社会主义核心价值观，弘扬中华民族传统美德，恪守社会公德、职业道德、家庭美德、个人品德，遵守劳动纪律。

（四）正确处理国家、集体、个人三者利益关系，向危害国家、社会利益的行为作斗争。

（五）维护中国工人阶级和工会组织的团结统一，发扬阶级友爱，搞好互助互济。

（六）遵守工会章程，执行工会决议，参加工会活动，按月交纳会费。

第五条 会员组织关系随劳动（工作）关系变动，凭会员证明接转。

第六条 会员有退会自由。会员退会由本人向工会小组提出，由工会基层委员会宣布其退会并收回会员证。

会员没有正当理由连续六个月不交纳会费、不参加工会组织生活，经教育拒不改正，应当视为自动退会。

第七条 对不执行工会决议、违反工会章程的会员，给予批评教育。对严重违法犯罪并受到刑事处分的会员，开除会籍。开除会员会籍，须经工会小组讨论，提出意见，由工会基层委员会决定，报上一级工会备案。

第八条 会员离休、退休和失业，可保留会籍。保留会籍期间免交会费。

工会组织要关心离休、退休和失业会员的生活，积极向有关方面反映他们的愿望和要求。

第二章 组 织 制 度

第九条 中国工会实行民主集中制，主要内容是：

（一）个人服从组织，少数服从多数，下级组织服从上级组织。

（二）工会的各级领导机关，除它们派出的代表机关外，都由民主选举产生。

（三）工会的最高领导机关，是工会的全国代表大会和它所产生的中华全国总工会执行委员会。工会的地方各级领导机关，是工会的地方各级代表大会和它所产生的总工会委员会。

（四）工会各级委员会，向同级会员大会或者会员代表大会负责并报告工作，接受会员监督。会员大会和会员代表大会有权撤换或者罢免其所选举的代表和工会委员会组成人员。

（五）工会各级委员会，实行集体领导和分工负责相结合的制度。凡属重大问题由委员会民主讨论，作出决定，委员会成员根据集体的决定和分工，履行自己的职责。

（六）工会各级领导机关，加强对下级组织的领导和服务，经常向下级组织通报情况，听取下级组织和会员的意见，研究和解决他们提出的问题。下级组织应及时向上级组织请示报告工作。

第十条 工会各级代表大会的代表和委员会的产生，要充分体现选举人的意志。候选人名单，要反复酝酿，充分讨论。选举采用无记名投票方式，可以直接采用候选人数多于应选人数的差额选举办法进行正式选举，也可以先采用差额选举办法进行预选，产生候选人名单，然后进行正式选举。任何组织和个人，不得以任何方式强迫选举人选举或不选举某个人。

第十一条 中国工会实行产业和地方相结合的组织领导原则。同一企业、事业单位、机关和其他社会组织中的会员，组织在一个工会基层组织中；同一行业或者性质相近的几个行业，根据需要建立全国的或者地方的产业工会组织。除少数行政管理体制实行垂直管理的产业，其产业工会实行产业工会和地方工会双重领导，以产业工会领导为主外，其他产业工会均实行以地方工会领导为主，同时接受上级产业工会领导的体制。各产业工会的领导体制，由中华全国总工会确定。

省、自治区、直辖市，设区的市和自治州，县（旗）、自治县、不设区的市建立地方总工会。地方总工会是当地地方工会组织和产业工会地方组织的领导机关。全国建立统一的中华全国总工会。中华全国总工会是各级地方总工会和各产业工会全国组织的领导机关。

中华全国总工会执行委员会委员和产业工会全国委员会委员实行替补制，各级地方总工会委员会委员和地方产业工会委员会委员，也可以实行替补制。

第十二条 县和县以上各级地方总工会委员会，根据工作需要可以派出代表机关。

县和县以上各级工会委员会，在两次代表大会之间，认为有必要时，可以召集代表会议，讨论和决定需要及时解决的重大问题。代表会议代表的名额和产生办法，由召集代表会议的总工会决定。

全国产业工会、各级地方产业工会、乡镇工会和城市街道工会的委员会，可以按照联合制、代表制原则，由下一级工会组织民主选举的主要负责人和适当比例的有关方面代表组成。

上级工会可以派员帮助和指导用人单位的职工组建工会。

第十三条 各级工会代表大会选举产生同级经费审查委员会。中华全国总工会经费审查委员会设常务委员会，省、自治区、直辖市总工会经费审查委员会和独立管理经费的全国产业工会经费审查委员会，应当设常务委员会。经费审查委员会负责审查同级工会组织及其直属企业、事业单位的经费收支和资产管理情况，监督财经法纪的贯彻执行和工会经费的使用，并接受上级工会经费审查委员会的指导和监督。工会经费审查委员会向同级会员大会或会员代表大会负责并报告工作；在大会闭会期间，向同级工会委员会负责并报告工作。

上级经费审查委员会应当对下一级工会及其直属企业、事业单位的经费收支和资产管理情况进行审查。

中华全国总工会经费审查委员会委员实行替补制，各级地方总工会经费审查委员会委员和独立管理经费的产业工会经费审查委员会委员，也可以实行替补制。

第十四条 各级工会建立女职工委员会，表达和维护女职工的合法权益。女职工委员会由同级工会委员会提名，在充分协商的基础上组成或者选举产生，女职工委员会与工会委员会同时建立，在同级工会委员会领导下开展工作。企业工会女职工委员会是县或者县以上妇联的团体会员，通过县以上地方工会接受妇联的业务指导。

第十五条 县和县以上各级工会组织应当建立法律服务机构，为保护职工和工会组织的合法权益提供服务。

各级工会组织应当组织和代表职工开展劳动法律监督。

第十六条 成立或者撤销工会组织，必须经会员大会或者会员代表大会通过，并报上一级工会批准。工会基层组织所在的企业终止，或者所在的事业单位、机关和其他社会组织被撤销，该工会组织相应撤销，并报上级工会备案。其他组织和个人不得随意撤销工会组织，也不得把工会组织的机构撤销、合并或者归属其他工作部门。

第三章　全　国　组　织

第十七条　中国工会全国代表大会，每五年举行一次，由中华全国总工会执行委员会召集。在特殊情况下，由中华全国总工会执行委员会主席团提议，经执行委员会全体会议通过，可以提前或者延期举行。代表名额和代表选举办法由中华全国总工会决定。

第十八条　中国工会全国代表大会的职权是：

（一）审议和批准中华全国总工会执行委员会的工作报告。

（二）审议和批准中华全国总工会执行委员会的经费收支情况报告和经费审查委员会的工作报告。

（三）修改中国工会章程。

（四）选举中华全国总工会执行委员会和经费审查委员会。

第十九条　中华全国总工会执行委员会，在全国代表大会闭会期间，负责贯彻执行全国代表大会的决议，领导全国工会工作。

执行委员会全体会议选举主席一人、副主席若干人、主席团委员若干人，组成主席团。

执行委员会全体会议由主席团召集，每年至少举行一次。

第二十条　中华全国总工会执行委员会全体会议闭会期间，由主席团行使执行委员会的职权。主席团全体会议，由主席召集。

主席团闭会期间，由主席、副主席组成的主席会议行使主席团职权。主席会议由中华全国总工会主席召集并主持。

主席团下设书记处，由主席团在主席团成员中推选第一书记一人，书记若干人组成。书记处在主席团领导下，主持中华全国总工会的日常工作。

第二十一条　产业工会全国组织的设置，由中华全国总工会根据需要确定。

产业工会全国委员会的建立，经中华全国总工会批准，可以按照联合制、代表制原则组成，也可以由产业工会全国代表大会选举产生。全国委员会每届任期五年。任期届满，应当如期召开会议，进行换届选举。在特殊情况下，经中华全国总工会批准，可以提前或者延期举行。

产业工会全国代表大会和按照联合制、代表制原则组成的产业工会全国委员会全体会议的职权是：审议和批准产业工会全国委员会的工作报告；选举产业工会全国委员会或者产业工会全国委员会常务委员会。独立管理经费的产业工会，选举经费审查委员会，并向产业工会全国代表大会或者委员会全体会议报告工作。产业工会全国委员会常务委员会由主席一人、副主席若干人、常务委员若干人组成。

第四章　地方组织

第二十二条　省、自治区、直辖市，设区的市和自治州，县（旗）、自治县、不设区的市的工会代表大会，由同级总工会委员会召集，每五年举行一次。在特殊情况下，由同级总工会委员会提议，经上一级工会批准，可以提前或者延期举行。工会的地方各级代表大会的职权是：

（一）审议和批准同级总工会委员会的工作报告。

（二）审议和批准同级总工会委员会的经费收支情况报告和经费审查委员会的工作报告。

（三）选举同级总工会委员会和经费审查委员会。

各级地方总工会委员会，在代表大会闭会期间，执行上级工会的决定和同级工会代表大会的决议，领导本地区的工会工作，定期向上级总工会委员会报告工作。

根据工作需要，省、自治区总工会可在地区设派出代表机关。直辖市和设区的市总工会在区一级建立总工会。

县和城市的区可在乡镇和街道建立乡镇工会和街道工会组织，具备条件的，建立总工会。

第二十三条 各级地方总工会委员会选举主席一人、副主席若干人、常务委员若干人，组成常务委员会。工会委员会、常务委员会和主席、副主席以及经费审查委员会的选举结果，报上一级总工会批准。

各级地方总工会委员会全体会议，每年至少举行一次，由常务委员会召集。各级地方总工会常务委员会，在委员会全体会议闭会期间，行使委员会的职权。

第二十四条 各级地方产业工会组织的设置，由同级地方总工会根据本地区的实际情况确定。

第五章 基层组织

第二十五条 企业、事业单位、机关和其他社会组织等基层单位，应当依法建立工会组织。社区和行政村可以建立工会组织。从实际出发，建立区域性、行业性工会联合会，推进新经济组织、新社会组织工会组织建设。

有会员二十五人以上的，应当成立工会基层委员会；不足二十五人的，可以单独建立工会基层委员会，也可以由两个以上单位的会员联合建立工会基层委员会，也可以选举组织员或者工会主席一人，主持基层工会工作。工会基层委员会有女会员十人以上的建立女职工委员会，不足十人的设女职工委员。

职工二百人以上企业、事业单位的工会设专职工会主席。工会专职工作人员的人数由工会与企业、事业单位协商确定。

基层工会具备法人条件，依法取得社团法人资格，工会主席为法定代表人。

第二十六条 工会基层组织的会员大会或者会员代表大会，每年至少召开一次。经基层工会委员会或者三分之一以上的工会会员提议，可以临时召开会员大会或者会员代表大会。工会会员在一百人以下的基层工会应当召开会员大会。

工会会员大会或者会员代表大会的职权是：

（一）审议和批准工会基层委员会的工作报告。

（二）审议和批准工会基层委员会的经费收支情况报告和经费审查委员会的工作报告。

（三）选举工会基层委员会和经费审查委员会。

（四）撤换或者罢免其所选举的代表或者工会委员会组成人员。

（五）讨论决定工会工作的重大问题。

工会基层委员会和经费审查委员会每届任期三年至五年，具体任期由会员大会或者会员代表大会决定。任期届满，应当如期召开会议，进行换届选举。在特殊情况下，经上一级工会批准，可以提前或者延期举行。

会员代表大会的代表实行常任制，任期与本单位工会委员会相同。

第二十七条 工会基层委员会的委员，应当在会员或者会员代表充分酝酿协商的基础上选举产生；主席、副主席，可以由会员大会或者会员代表大会直接选举产生，也可以由工会基层委员会选举产生。大型企业、事业单位的工会委员会，根据工作需要，经上级工会委员会批准，可以设立常务委员会。工会基层委员会、常务委员会和主席、副主席以及经费审查委员会的选举结果，报上一级工会批准。

第二十八条 工会基层委员会的基本任务是：

（一）执行会员大会或者会员代表大会的决议和上级工会的决定，主持基层工会的日常工作。

（二）代表和组织职工依照法律规定，通过职工代表大会、厂务公开和其他形式，参加本单位民主管理和民主监督，在公司制企业落实职工董事、职工监事制度。企业、事业单位工会委员会是职工代表大会工作机构，负责职工代表大会的日常工作，检查、督促职工代表大会决议的执行。

（三）参与协调劳动关系和调解劳动争议，与企业、事业单位行政方面建立协商制度，协商解决涉及职工切身利益问题。帮助和指导职工与企业、事业单位行政方面签订和履行劳动合同，代表职工与企业、事业单位行政方面签订集体合同或者其他专项协议，并监督执行。

（四）组织职工开展劳动和技能竞赛、合理化建议、技能培训、技术革新和技术协作等活动，培育工匠人才，总结推广先进经验。做好劳动模范和先进生产（工作）者的评选、表彰、培养和管理服务工作。

（五）加强对职工的政治引领和思想教育，开展法治宣传教育，重视人文关怀和心理疏导，鼓励支持职工学习文化科学技术和管理知识，开展健康的文化体育活动。推进企业文化职工文化建设，办好工会文化、教育、体育事业。

（六）监督有关法律、法规的贯彻执行。协助和督促行政方面做好工资、安全生产、职业病防治和社会保险等方面的工作，推动落实职工福利待遇。办好职工集体福利事业，改善职工生活，对困难职工开展帮扶。依法参与生产安全事故和职业病危害事故的调查处理。

（七）维护女职工的特殊利益，同歧视、虐待、摧残、迫害女职工的现象作斗争。

（八）搞好工会组织建设，健全民主制度和民主生活。建立和发展工会积极分子队伍。做好会员的发展、接收、教育和会籍管理工作。加强职工之家建设。

（九）收好、管好、用好工会经费，管理好工会资产和工会的企业、事业。

第二十九条 教育、科研、文化、卫生、体育等事业单位和机关工会，从脑力劳动者比较集中的特点出发开展工作，积极了解和关心职工的思想、工作和生活，推动党的知识分子政策的贯彻落实。组织职工搞好本单位的民主管理和民主监督，为发挥职工的聪明才智，创造良好的条件。

第三十条 工会基层委员会根据工作需要，可以在分厂、车间（科室）建立分厂、车间（科室）工会委员会。分厂、车间（科室）工会委员会由分厂、车间（科室）会员大会或者会员代表大会选举产生，任期和工会基层委员会相同。

工会基层委员会和分厂、车间（科室）委员会，可以根据需要设若干专门委员会或者专门小组。

按照生产（行政）班组建立工会小组，民主选举工会小组长，积极开展工会小组活动。

第六章　工 会 干 部

第三十一条 各级工会组织按照革命化、年轻化、知识化、专业化的要求，努力建设一支坚持党的基本路线，熟悉本职业务，热爱工会工作，受到职工信赖的干部队伍。

第三十二条 工会干部要努力做到：

（一）认真学习马克思列宁主义、毛泽东思想、邓小平理论、"三个代表"重要思想、科学发展观、习近平新时代中国特色社会主义思想，学习政治、经济、历史、文化、科技、法律和工会业务等知识，提高政治能力，增强群众工作本领。

（二）执行党的基本路线和各项方针政策，遵守国家法律、法规，在改革开放和社会主义现代化建设中勇于开拓创新。

（三）信念坚定，忠于职守，勤奋工作，敢于担当，廉洁奉公，顾全大局，维护团结。

（四）坚持实事求是，认真调查研究，如实反映职工的意见、愿望和要求。

（五）坚持原则，不谋私利，热心为职工说话办事，依法维护职工的合法权益。

（六）作风民主，联系群众，增强群众意识和群众感情，自觉接受职工群众的批评和监督。

第三十三条 各级工会组织根据有关规定管理工会干部，重视发现培养和选拔优秀年轻干部、女干部、少数民族干部，成为培养干部的重要基地。

基层工会主席、副主席任期未满不得随意调动其工作。因工作需要调动时，应事先征得本级工会委员会和上一级工会同意。

第三十四条 各级工会组织建立与健全干部培训制度。办好工会干部院校和各种培训班。

第三十五条 各级工会组织关心工会干部的思想、学习和生活，督促落实相应的待遇，支持他们的工作，坚决同打击报复工会干部的行为作斗争。

县和县以上工会设立工会干部权益保障金，保障工会干部依法履行职责。

县和县以上工会可以为基层工会选派、聘用工作人员。

第七章　工会经费和资产

第三十六条 工会经费的来源：

（一）会员交纳的会费。

（二）企业、事业单位、机关和其他社会组织按全部职工工资总额的百分之二向工会拨缴的经费或者建会筹备金。

（三）工会所属的企业、事业单位上缴的收入。

（四）人民政府和企业、事业单位、机关和其他社会组织的补助。

（五）其他收入。

第三十七条 工会经费主要用于为职工服务和开展工会活动。各级工会组织应坚持正确使用方向，加强预算管理，优化支出结构，开展监督检查。

第三十八条 县和县以上各级工会应当与税务、财政等有关部门合作，依照规定做好工会经费收缴和应当由财政负担的工会经费拨缴工作。

未成立工会的企业、事业单位、机关和其他社会组织，按工资总额的百分之二向上级工会拨缴工会建会筹备金。

具备社团法人资格的工会应当依法设立独立经费账户。

第三十九条 工会资产是社会团体资产，中华全国总工会对各级工会的资产拥有终极所有权。各级工会依法依规加强对工会资产的监督、管理，保护工会资产不受损害，促进工会资产保值增值。根据经费独立原则，建立预算、决算、资产监管和经费审查监督制度。实行"统一领导、分级管理"的财务体制、"统一所有、分级监管、单位使用"的资产监管体制和"统一领导、分级管理、分级负责、下审一级"的经费审查监督体制。工会经费、资产的管理和使用办法以及工会经费审查监督制度，由中华全国总工会制定。

第四十条 各级工会委员会按照规定编制和审批预算、决算，定期向会员大会或者会员代表大会和上一级工会委员会报告经费收支和资产管理情况，接受上级和同级工会经费审查委员会审查监督。

第四十一条 工会经费、资产和国家及企业、事业单位等拨给工会的不动产和拨付资金形成的资产受法律保护，任何单位和个人不得侵占、挪用和任意调拨；不经批准，不得改变工会所属企业、事业单位的隶属关系和产权关系。

工会组织合并，其经费资产归合并后的工会所有；工会组织撤销或者解散，其经费资产由上级工会处置。

第八章 会　　徽

第四十二条 中国工会会徽，选用汉字"中"、"工"两字，经艺术造型呈圆形重叠组成，并在两字外加一圆线，象征中国工会和中国工人阶级的团结统一。会徽的制作标准，由中华全国总工会规定。

第四十三条 中国工会会徽，可在工会办公地点、活动场所、会议会场悬挂，可作为纪念品、办公用品上的工会标志，也可以作为徽章佩戴。

第九章 附　　则

第四十四条 本章程解释权属于中华全国总工会。

中国工运事业和工会工作"十四五"发展规划

(2021年7月16日)

目　　录

一、开创中国工运事业和工会工作新局面

1. 党的十八大以来中国工运事业和工会工作蓬勃发展。

2. "十四五"时期中国工运事业和工会工作面临新形势新任务新要求。

——进入新发展阶段工会面临新形势。

——贯彻新发展理念工会面临新任务。

——构建新发展格局工会面临新要求。

二、"十四五"时期中国工运事业和工会工作的总体要求

3. 指导思想。

4. 基本原则。

——坚持党的领导。

——坚持正确方向。

——坚持服务大局。

——坚持职工为本。

——坚持改革创新。

——坚持法治保障。

5. 主要目标。

——工会理论武装得到新加强。

——职工思想引领取得新进展。

——职工建功立业展现新作为。

——维护职工权益取得新实效。

——服务职工水平实现新提升。

——工会组织建设呈现新活力。

三、加强职工思想政治引领，团结引导职工坚定不移听党话、跟党走

6. 以习近平新时代中国特色社会主义思想武装职工。

7. 以理想信念教育职工。

8. 以社会主义核心价值观引领职工。

9. 以先进职工文化感染职工。

四、深化产业工人队伍建设改革，在推动高质量发展中充分发挥工人阶级主力军作用

10. 促进产业工人队伍建设改革走深走实。

11. 推动构建产业工人全面发展制度体系。

12. 广泛深入持久开展劳动和技能竞赛。

13. 大力弘扬劳模精神、劳动精神、工匠精神。

五、高举维护职工合法权益旗帜，增强职工群众获得感幸福感安全感

14. 维护职工劳动经济权益。

15. 维护职工民主政治权利。

16. 维护新就业形态劳动者合法权益。

17. 做好农民工维权服务工作。

18. 提升女职工维权服务水平。

六、建立健全高标准职工服务体系，不断提升职工生活品质

19. 加强服务阵地建设。

20. 健全困难职工家庭常态化帮扶机制。

21. 实施提升职工生活品质行动。

22. 打造服务职工系列品牌。

七、构建和谐劳动关系，推动共建共治共享社会治理

23. 加大劳动法律法规源头参与力度。

24. 推动完善构建和谐劳动关系制度机制。

25. 推进工会工作法治化建设。

26. 健全落实"五个坚决"要求的长效机制。

八、加快智慧工会建设，打造工会工作升级版

27. 构建基于大数据技术的工会治理能力提升体系。

28. 构建基于互联网技术的工会服务应用创新体系。

29. 构建基于云计算技术的工会网信基础支撑体系。

30. 巩固发展工会网上舆论阵地。

九、深化工会和职工对外交流交往合作，为推动构建人类命运共同体作贡献

31. 拓展工会和职工国际交流交往合作的深度和广度。

32. 加强与港澳台工会组织和劳动界交流合作。

十、深化工会改革创新，推动新时代工会工作高质量发展

33. 系统谋划推进工会改革。

34. 健全工会工作制度机制。

35. 激发基层工会活力。

36. 改进完善工会组织体系。

37. 充分发挥产业工会作用。

38. 深化财务管理改革。

39. 加强工会经费审查审计监督。

40. 提高工会资产管理效能。

十一、坚持以党的政治建设为统领，提高工会工作能力和水平

41. 全面加强工会系统党的建设。

42. 深化工会干部队伍建设。

43. 不断拓宽工会理论研究新路子。

十二、加强规划落实的组织保障

44. 加强组织领导。

45. 加强支撑保障。

46. 加强总结推广。

"十四五"时期是我国全面建成小康社会、实现第一个百年奋斗目标之后，乘势而上开启全面建设社会主义现代化国家新征程、向第二个百年奋斗目标进军的第一个五年，是中国工运事业和工会工作围绕中心、服务大局，立足新发展阶段、贯彻新发展理念、推动构建新发展格局，履行职责使命，实现高质量发展的五年。党的十九届五中全会审议通过的《中共中央关于制定国民经济和社会发展第十四个五年规划和二〇三五年远景目标的建议》和十三届全国人民代表大会第四次会议审查批准的《中华人民共和国国民经济和社会发展第十四个五年规划和2035年远景目标纲要》擘画了我国未来5年和15年发展的宏伟蓝图。实现这一奋斗目标，工人阶级使命光荣，工会组织责任重大。为充分发挥工会组织作用，团结动员亿万职工为全面建设社会主义现代化国家、实现中华民族伟大复兴的中国梦贡献智慧和力量，特制定本规划。

一、开创中国工运事业和工会工作新局面

1. 党的十八大以来中国工运事业和工会工作蓬勃发展。在以习近平同志为核心的党中央坚强领导下，我国工人阶级以高度的主人翁使命感和历史责任感，积极投身进行伟大斗争、建设伟大工程、推进伟大事业、实现伟大梦想的火热实践，推动党和国家事业取得决定性成就、发生历史性变革。各级工会坚持以习近平新时代中国特色社会主义思想为指导，学习贯彻习近平总书记关于工人阶级和工会工作的重要论述，以保持和增强工会组织和工会工作政治性、先进性、群众性为主线，忠诚履职、积极作为，各项工作取得了显著成效。思想政治引领明显加强，职工团结奋斗的思想基础更加巩固；劳模精神、劳动精神、工匠精神有力弘扬，工人阶级主力军作用充分发挥；维权服务力度不断加大，职工群众获得感、幸福感、安全感不断提升；产业工人队伍建设改革扎实推进，产业工人地位作用更加彰显；工会改革创新持续深化，工会组织吸引力凝聚力战斗力切实增强；工会系统党的建设全面加强，风清气正的政治生态进一步形成。这些成绩的取得，是在党的领导下各级工会组织与广大职工努力奋斗的结果，为"十四五"时期工运事业和工会工作发展奠定了坚实基础。

2. "十四五"时期中国工运事业和工会工作面临新形势新任务新要求。

——进入新发展阶段工会面临新形势。新发展阶段是我们党带领人民迎来从站起来、富起来到强起来历史性跨越的新阶段，是我国社会主义发展进程中的一个重要阶段。我国发展的内部条件和外部环境发生深刻复杂变化。当今世界正经历百年未有之大变局，新一轮科技革命和产业变革深入发展，新冠肺炎疫情影响广泛深远，经济全球化遭遇逆流。我国已转向高质量发展阶段，既具有制度优势显著、治理效能提升、经济长期向好等优势和条件，同时又面临发展不平衡不充分问题仍然突出、重点领域关键环节改革任务仍然艰巨、创新能力不适应高质量发展要求等问题。面对复杂多变的国际国内形势，工会面临的机遇和挑战都前所未有。如何把握"两个大局"，心怀"国之大者"，在纷繁复杂的国际局势中保持清醒、坚守定力，在艰巨繁重的改革发展稳定任务中实现好维护好发展好广大职工合法权益，团结动员广大职工为促进高质量发展贡献智慧和力量，为全面建设社会主义现代化国家开好局起好步建功立业，成为摆在各级工会面前的重大课题。

——贯彻新发展理念工会面临新任务。党的十九届五中全会强调要坚定不移贯彻新发展理念，将新发展理念贯穿"十四五"规划和2035年远景目标的全过程和全领域。各级工会组织必须适应职工队伍规模结构、就业方式、分配方式、利益诉求、思想观念的深刻变化，适应新技术新业态新模式背景下劳动关系的深刻调整，提高贯彻新发展理念的思想自觉和行动自觉。贯彻创新发展理念，要求工会必须尊重基层和职工群众的首创精神，把蕴藏在职工群众中的创造活力激发出来；推进工会自身改革，切实解决工会组织体制机制不够完善、工作载体手段不够丰富、服务群众工作本领有待增强等问题。贯彻协调发展理念，要求工会必须树立全国工会"一盘棋"理念，既全面推进、又突出重点，加强分类指导，解决好发展不平衡的问题，增进工作的系统性、整体性、协同性。贯彻绿色发展理念，要求工会把绿色发展理念融入职工的生产生活实践，引导广大职工践行绿色生产生活方式。贯彻开放发展理念，要求工会坚持开门办会，让职工群众充分参与到工会工作中来，积极运用社会资源和力量推动工会工作；加大中国工会和职工对外交流交往力度，有力服务国家总体外交。贯彻共享发展理念，要求工会必须贯彻以人民为中心的发展思想，切实履行维护职工合法权益、竭诚服务职工群众的基本职责，让改革发展成果更多更公平惠及职工群众，在推动实现共同富裕中展现工会作为。

——构建新发展格局工会面临新要求。新发展格局是以习近平同志为核心的党中央积极应对国际国内形势变化、与时俱进提升我国经济发展水平、塑造国际经济合作和竞争新优势而作出的战略抉择。构建以国内大循环为主体、国内国际双循环相互促进的新发展格局，需要工会深刻认识国际国内复杂形势变化，特别是中美经贸摩擦、供给侧结构性改革等对职工队伍和工会工作带来的影响，立足国内办好自己的事情，找准结合点、切入点、着力点，发挥政治优势、组织优势、制度优势、群众优势、资源优势，将职工的思想凝聚到促进高质量发展上来，将职工的力量汇聚到建功立业上来；围绕扩大内需这个战略基点，积极加强就业创业服务，推动构建收入分配新格局、完善社会保障体系，在发展基础上努力提高职工收入水平，提高消费意愿和能力，在满足职工美好生活需要的同时，为扩大内需、促进双循环特别是国内经济大循环奠定厚实基础；围绕创新驱动这个关键所在，以深化产业工人队伍建设改革为抓手增强发展的内生动力，瞄准提升产业基础高级化、产业链现代化水平等目标，持续提升产业工人队伍素质、激发创新创造活力，在关键核心技术攻关、解决"卡脖子"等问题上发挥作用，推动实现高水平科技自立自强，使产业工人成为支撑中国制造、中国创造的重要力量。

二、"十四五"时期中国工运事业和工会工作的总体要求

3. 指导思想。以习近平新时代中国特色社会主义思想为指导，全面贯彻党的十九大和十九届二中、三中、四中、五中全会精神，学习贯彻习近平总书记关于工人阶级和工会工作的重要论述，增强"四个意识"、坚定"四个自信"、做到"两个维护"，围绕把握新发展阶段、贯彻新发展理念、构建新发展格局、推动高质量发展，坚持稳中求进工作总基调，牢牢把握为实现中华民族伟大复兴中国梦而奋斗的工运时代主题，坚定不移走中国特色社会主义工会发展道路，以保持和增强工会组织和工会工作政治性、先进性、群众性为主线，以产业工人队伍建设改革和工会改革为动力，以推动工会工作高质量发展为着力点，使职工的理想信念更加坚定，权益保障更加充分，劳动关系更加和谐，党执政的阶级基础和群众基础更加牢固，广大职工在全面建设社会主义现代化国家开好局、起好步中主力军作用更加彰显。

4. 基本原则。

——坚持党的领导。将自觉接受党的领导作为工会根本政治原则，把党的政治建设摆在首位，全面贯彻党的基本理论、基本路线、基本方略，不折不扣将党中央决策部署贯彻到工会各项工作中去，将党的意志主张落实到广大职工中去，充分发挥党联系职工群众的桥梁纽带作用，团结引导广大职工坚定不移听党话、矢志不渝跟党走，始终做党执政的坚实依靠力量。

——坚持正确方向。持之以恒以党的创新理论武装头脑、指导实践、推动工作，不断提高政治判断力、政治领悟力、政治执行力，始终在政治立场、政治方向、政治原则、政治道路上同以习近平同志为核心的党中央保持高度一致。

——坚持服务大局。围绕党和国家工作大局，谋划和推进工会工作，坚持在大局下思考、大局下行动，组织动员广大职工充分发挥工人阶级主力军作用，以满腔热情投身全面建设社会主义现代化国家的伟大实践。

——坚持职工为本。牢固树立以职工为中心的工作导向，把联系和服务职工作为工会工作的生命线，扎实履行维护职工合法权益、竭诚服务职工群众的基本职责，不断提升职工群众的获得感、幸福感、安全感，推动实现共同富裕。

——坚持改革创新。系统谋划和扎实推进工会改革，坚持系统观念，增强统筹意识，发挥改革的突破性和引导性作用，着力破除制约工会高质量发展、影响职工高品质生活的体制机制障碍，固根基、扬优势、补短板、强弱项，不断推动工会理论创新、体制创新、工作创新，把改革创新贯穿于工会工作全过程和各方面。

——坚持法治保障。按照全面推进依法治国总目标要求，自觉把工会工作置于法治国家、法治政府、法治社会建设全局中谋划和推进，坚持依法建会、依法管会、依法履职、依法维权，不断提升工会法治化建设水平，推动国家治理体系和治理能力现代化。

5. 主要目标。今后 5 年，工运事业和工会工作发展要坚持目标导向和问题导向相结合，坚持守正和创新相统一，努力实现以下主要目标：

——工会理论武装得到新加强。习近平新时代中国特色社会主义思想更加深入人心，学习贯彻习近平总书记关于工人阶级和工会工作的重要论述取得重要理论成果和实践成效，运用马克思主义立场、观点、方法解决实际问题的能力切实加强。

——职工思想引领取得新进展。面向职工群众的理论宣讲形成制度性安排，党的创新理论不断走近职工身边、走进职工心里；理想信念教育常态化开展、制度化推进，"中国梦·劳动美"主题宣传教育活动更加丰富，广大职工在理想信念、价值理念、道德观念上紧紧团结在一起，对中国特色社会主义的道路自信、理论自信、制度自信、文化自信不断增强。

——职工建功立业展现新作为。广大职工主人翁意识进一步增强，劳模精神、劳动精神、工匠精神大力弘扬，劳动和技能竞赛广泛深入持久开展，群众性创新活动成果显著；产业工人队伍建设改革取得突破性进展，在推动高质量发展中的工人阶级主力军作用充分彰显。

——维护职工权益取得新实效。劳动法律法规体系不断完善，职工合法权益维护机制不断健全，新就业形态劳动者建会入会和权益维护形成制度保障，劳动关系协调机制有效运行，工会参与劳动争议预防调处化解的水平不断提升，维护劳动领域安全稳定体系和能力建设有效推进，在助推建设更高水平的平安中国中作用积极发挥。

——服务职工水平实现新提升。联系服务职工长效机制建立健全，工会服务阵地建设明显加强，服务职工"最后一公里"问题有效解决，困难职工家庭常态化帮扶机制有效运行，工会服务职工品牌项目叫响做实。

——工会组织建设呈现新活力。工会改革创新持续深化，联系广泛、服务职工的工会工作体系日益健全，智慧工会建设取得实质性进展，基层工会组织设置、运行机制进一步健全，基层基础薄弱问题得到有效解决，工会组织覆盖面不断扩大、凝聚力进一步增强。

三、加强职工思想政治引领，团结引导职工坚定不移听党话、跟党走

6. 以习近平新时代中国特色社会主义思想武装职工。建立健全职工思想政治工作的领导体制和工作机制，完善党的创新理论和工会理论下基层长效机制，落实基层联系点、送教到基层等制度，建立健全企业班组常态化学习制度，组织专家、学者、先进人物等广泛开展有特色、接地气、入人心的宣传宣讲活动，推动习近平新时代中国特色社会主义思想进企业、进车间、进学校、进教材、进头脑，打牢广大职工团结奋斗的思想基础。

7. 以理想信念教育职工。深化中国特色社会主义和中国梦宣传教育，加强爱国主义、集体主义、社会主义教育，弘扬党和人民在各个历史时期奋斗中形成的伟大精神，深入开展"永远跟党走"、"党旗在基层一线高高飘扬"等系列主题宣传教育活动，在广大职工中唱响共产党好、社会主义好、改革开放好、伟大祖国好、各族人民好的时代主旋律。广泛开展党史学习教育，高质量完成学习教育各项任务，引领广大职工学史明理、学史增信、学史崇德、学史力行。深入开展党史、新中国史、改革开放史、社会主义发展史宣传教育，引导广大职工群众深刻认识中国共产党为什么能、马克思主义为什么行、中国特色社会主义为什么好，增强听党话、跟党走的思想自觉和行动自觉。围绕 2025 年全总成立 100 周年，组织召开系列庆祝活动；推动建立中国工运史馆，探索筹建国家劳模风采展示馆或博物馆，加强对红色工运的重要人物、重要遗址（旧址）、重大事件、重点纪念场馆等的梳理发掘、修建修缮、展示展陈等综合性保护、修复、开发工作；组织开展百年中国工运史宣传教育，向全社会广泛宣传工人阶级和工人运动的光荣历史、奋斗历程、辉煌成就；组织开展百年中国工运史系列研究。推动理想信念教育常态化制度化，通过劳模宣讲、演讲比赛、知识竞赛、读书诵读等方式，运用"学习强国"、职工书屋等学习平台，引导广大职工紧跟共产党、奋进新时代。

8. 以社会主义核心价值观引领职工。坚持把社会主义核心价值观融入职工生产生活，内化为职工的情感认同和行为习惯。深入开展以劳动创造幸福为主题的宣传教育，推动建立健全新时代劳动教育理论和实践体系。深化以职业道德为重点的社会公德、职业道德、家庭美德、个人品德等"四德"建设，组织开展全国职工职业道德建设评选表彰。积极参与群众性精神文明创建活动，推进家庭、家教、家风建设，广泛开展学雷锋志愿活动，展示新时代职工文明形象。

9. 以先进职工文化感染职工。推动建立健全党委领导、行政支持、工会运作、职工参与的职工文化共建共享机制。丰富职工文化产品供给。打造"中国梦·劳动美"系列职工文化品牌，每年举办"中国梦·劳动美"——庆祝"五一"国际劳动节特别节目，广泛组织开展职工运动会、职工文艺展演、职工艺术节等全国性、区域性、行业性职工文体活动。加强职工文化阵地建设。探索建立以全总文工团为主体的职工艺术阵地联盟，整合工人文化宫、职工艺术院团资源，推动在街道社区、产业园区、商圈楼宇等职工聚集区建设职工文化场馆，构建立体化、多元化职工文化服务网络。建好、管好、用好职工书屋,力争到2025年底全国工会职工书屋示范点达到1.6万家,带动各级工会自建职工书屋达到15万家,实现各类便利型阅读点、劳模工匠书架广泛覆盖;电子职工书屋覆盖职工逾5000万人,基本形成覆盖大多数职工的工会阅读推广服务体系。创新文化服务方式。搭建"互联网+职工文化"平台,推动职工文化网络化传播,为职工提供"菜单式"、"订单式"文化服务;持续开展"阅读经典好书 争当时代工匠"、"玫瑰书香"等主题阅读活动。加强职工文化人才队伍建设。打造一支专业化、社团化、志愿化相结合的职工文化人才队伍,培育一批德艺双馨、具有一定社会影响力的职工文化建设领军人才,创作一批思想性强、艺术性高、社会影响大、群众口碑好的精品力作。

四、深化产业工人队伍建设改革,在推动高质量发展中充分发挥工人阶级主力军作用

10. 促进产业工人队伍建设改革走深走实。按照政治上保证、制度上落实、素质上提高、权益上维护的总体思路,围绕造就一支有理想守信念、懂技术会创新、敢担当讲奉献的宏大的产业工人队伍,聚焦产业工人思想引领、建功立业、素质提升、地位提高、队伍壮大等重点任务,总结推进产业工人队伍建设改革以来取得的经验,查找存在的问题与不足,推动产业工人队伍建设改革向纵深发展、向基层延伸。坚持党委统一领导,政府有关部门各司其职,工会、行业协会、企业代表组织充分发挥作用,统筹社会组织的协同力量,完善合力推进产业工人队伍建设改革的工作格局。充分发挥产业工人队伍建设改革协调小组作用,强化贯彻落实协调机制,履行工会宏观指导、政策协调、组织推进、督促检查的职责,每年制定产业工人队伍建设改革要点,压实部门责任,强化分类指导,增强改革的系统性、整体性、协同性。健全产业工人队伍建设改革情况监督检查和信息反馈制度，推动各地将产业工人队伍建设改革纳入各级党委和政府目标考核体系，建立党委和政府联合督查督办工作机制。建立产业工人队伍建设改革效能评估机制，开展改革情况绩效评估，探索实行第三方评估，确保改革举措落地见效。探索建立企业主体作用发挥机制，保护企业人才培养积极性。鼓励各地、各相关责任单位因地制宜大胆探索试点，形成一批具有部门、地方、产业和企业特色的改革成果。

11. 推动构建产业工人全面发展制度体系。强化系统集成，在系统梳理整合现有政策制度基础上，突出补齐制度缺项和政策短板，推动形成系统完备、科学规范、运行高效的制度体系，着力提升改革的政策效能。健全保障产业工人主人翁地位制度体系，完善产业工人参政议政制度，提高产业工人在各级党组织、人大、政协、群团组织代表大会代表和委员会委员中的比例；探索实行产业工人在群团组织挂职和兼职制度。健全产业工人技能形成制度体系，重点推动完善现代职业教育制度、职工技能培训制度、高技能人才培养机制、"互联网+"培训机制等，畅通技术工人成长成才通道；实施高技能领军人才和优秀产业技术紧缺人才境外培训计划；构建"互联网+职工素质建设工程"模式，完善中国职工经济技术信息化服务平台，做大做精做强全国产业工人学习社区，加强"技能强国——全国产业工人技能学习平台"建设，推进技能实训基地建设，拓展工会职业培训空间。健全产业工人发展制度体系，推动完善职业技能评价制度、体现技能价值激励导向的工资分配制度、个人学习账号和学分累计制度等，促进学历、非学历教育与职业培训衔接互认，搭建产业工人成长平台。健全产业工人队伍建设支撑保障制度体系，推动完善财政和社会多元投入机制，发挥工会职工创新补助资金作用，加大对产业工人创新创效扶持力度。

12. 广泛深入持久开展劳动和技能竞赛。制定并落实"十四五"劳动和技能竞赛规划，推动建立健全职工劳动和技能竞赛体系。围绕国家重大战略、重大工程、重大项目、重点产业，广泛深入持久开展"建功'十四五'、奋进新征程"主题劳动和技能竞赛。聚焦推动西部大开发形成新格局、推动东北振兴取得新突破、推动中部地区高质量发展战略，以及推进京津冀协同发展、长江经济带发展、粤港澳大湾区建设、长三角一体化发展、成渝地区双城经济圈、黄河流域生态保护等开展区域性劳动和技能竞赛，搭建交流合作平台，助力区域协调发展；按照国家碳达峰、碳中和部署，聚焦推动绿色发展，组织职工节能减排竞赛，推进重点行业和重要领域绿色化改造。以技术创新为导向，创新竞赛方式和载体，发挥网络平台作用，增强活动的便利性和群众性；加强非公企业劳动和技能竞赛工作，探索新产业新业态开展竞赛的新形式。积极推动将新职业新工种纳入职业分类大典，加强对全国职工职业技能竞赛的规划和指导，联合人力资源社会保障部等部门定期举办全国职工职业技能大赛，与有关部门共同主办国家级一类、二类等职业技能竞赛，指导带动各地层层开展技能比赛，打造职工技能竞赛品牌。组织职工积极参加技术革新、技术协作、发明创造、合理化建议、网上练兵和"小发明、小创造、小革新、小设计、小建议"等群众性创新活动。

13. 大力弘扬劳模精神、劳动精神、工匠精神。学习贯彻习近平总书记在全国劳动模范和先进工作者表彰大会上重要讲话精神，加大对劳动模范和先进工作者的宣传力度，讲好劳模故事、讲好劳动故事、讲好工匠故事，营造劳动光荣的社会风尚和精益求精的敬业风气。进一步做好劳模培养选树和管理服务工作，完善全国工会劳模工作管理平台，推动完善劳模政策，提升劳模地位，落实劳模待遇，形成尊重劳动、尊重知识、尊重人才、尊重创造良好氛围。做好劳模和五一劳动奖、工人先锋号等评选表彰工作，持续开展"最美职工"、"大国工匠"等主题宣传，"十四五"期间重点选树宣传100名左右的劳模工匠先进典型，加快培育、选树一批在全国有影响力、在行业有号召力的领军型劳模，打造新时代劳动者的标杆旗帜。加大劳模教育培养力度，鼓励各级工会开展劳模教育培训，叫响做实由劳模学员、劳模辅导员、劳模学院、劳模宣讲团等构成的"劳模+"品牌。用好全国劳模专项补助资金，深入开展劳模定期走访慰问、及时帮扶救助、开展健康体检和疗休养等工作。深化劳模和工匠人才创新工作室创建工作，加强分级分类管理，形成以全国示范性创新工作室为引领、以省市级创新工作室为主体、基层创新工作室蓬勃发展的工作体系，确保到2025年底全国示范性劳模和工匠人才创新工作室达到500家左右，各级各类创新工作室达到15万家。规范和推广"港口工匠创新联盟"等做法，探索创建跨区域、跨行业、跨企业的创新工作室联盟，指导开展创新工作室联盟试点。深化新时代工匠学院建设。统筹各地工匠人才选树、命名、宣传，推动设立国家级大国工匠评选表彰奖项。开展创新工作室领衔人培训、交流等活动，积极组织推荐创新工作室的成果和专利参加各类奖项评选和展示交流。加强劳模和工匠人才创新工作室信息化管理，进一步完善创新工作室网络工作平台。举办大国工匠创新交流大会、职工创新创业博览会。探索全国职工技能成果转化工作，指导各地做好先行先试工作。深入开展"大国工匠进校园"、"劳模进校园"、"奋斗的我·最美的国"新时代先进人物进校园活动。

"十四五"时期工会"素质提升"指标

具体指标	发展目标
1. 劳模选树管理	"十四五"期间,重点选树宣传 100 名左右的劳模工匠先进典型。
2. 职工技能培训	"十四五"期间,每年帮助 30 万名职工特别是农民工提升学历水平;年均培训家政服务人员 20 万人次。
3. 创新工作室建设	到 2025 年底,全国示范性劳模和工匠人才创新工作室达到 500 家左右,各级各类创新工作室达到 15 万家。
4. 职工书屋和电子职工书屋	到 2025 年底,全国工会职工书屋示范点达到 1.6 万家,带动各级工会自建职工书屋达到 15 万家,电子职工书屋覆盖职工逾 5000 万人。

五、高举维护职工合法权益旗帜,增强职工群众获得感幸福感安全感

14. 维护职工劳动经济权益。高度关注深化供给侧结构性改革,实现碳达峰、碳中和目标中的产业结构转型、绿色转型等对就业结构、就业方式等带来的影响,加大对职工就业、收入分配、社会保障、劳动安全卫生等权益的维护力度。积极推动落实就业优先政策,参与就业创业政策制定,深化工会就业创业服务,广泛开展工会就业创业系列服务活动月以及"京津冀蒙跨区域招聘"、"阳光就业暖心行动"等活动,加强"工E就业"、"工会就业服务号"等全国工会就业服务网上平台建设,推动工会网上就业服务体系化建设。积极开展就业技能培训,深入推进以训稳岗;鼓励引导各地工会开展家政服务人员培训,年均培训达到 20 万人次,每年至少推树 30 名"最美家政人"。推动劳务派遣用工依法规范,促进共享用工规范有序。推动各地合理调整最低工资标准。指导企业依法开展工资集体协商,促进企业健全反映劳动力市场供求关系和企业经济效益的工资决定和合理增长机制;总结指导企业技能要素参与分配的经验做法,推动提高技术工人待遇政策的落实。推动完善职工社会保险制度和分层分类社会救助体系,健全覆盖全民、统筹城乡、公平统一、可持续的多层次社会保障体系。做好工会劳动保护工作,加强对职工安全生产和职业健康知识的教育培训,提高职工事故防范、应急处置和自我保护能力;在重点行业领域探索开展职工安全技能竞赛,深化"安康杯"竞赛等群众性安全生产和职业健康活动。发挥工会劳动保护监督检查作用,督促企业落实安全生产和职业病防治主体责任。积极参加国家安全生产工作巡查、督查、考核和生产安全事故调查处理工作,维护好伤亡职工的合法权益。在重点行业中推行劳动安全卫生专项集体合同制度。

15. 维护职工民主政治权利。推动企业民主管理立法和有关政策的制定完善,创新民主管理实践形式,深化民主管理载体建设。推动健全省级厂务公开协调领导机构。进一步健全以职工代表大会为基本形式的企事业单位民主管理制度体系,加强职工代表大会、厂务公开以及职工董事职工监事的制度衔接,促进职代会与集体协商、工会劳动法律监督、法律援助等有机结合,融入企业内部自主调处、群体性劳动关系矛盾快速处置机制。聚焦国企改革三年行动计划落实,推进企业集团职代会制度建设,推动将职工代表大会等企业民主管理纳入公司章程,融入企业治理结构和管理体系,探索中国特色现代企业制度下的民主管理实现途径。深化创新区域(行业)职工代表大会制度,强化分类指导,积极扩大民主管理工作对中小微企业的有效覆盖。制定企业民主管理程序指引或操作指南。坚持每年开展企业民主管理师资培训。深入开展"聚合力、促发展"职工代表优秀提案征集推荐活动、全国厂务公开民主管理评选表彰活动。

16. 维护新就业形态劳动者合法权益。配合人社部门研究制定维护新就业形态劳动者劳动保障权益政策。积极推动新就业形态劳动者参加社会保险制度，推动研究出台新就业形态劳动者职业伤害保障办法等相关政策措施。推动灵活用工集中的行业制定劳动定额指导标准。加强平台网约劳动者收入保障，推动平台企业、关联企业与劳动者就劳动报酬、支付周期、休息休假和职业安全保障等事项开展协商。推动平台网约劳动者民主参与，督促平台运营企业建立争议处理、投诉机制。指导推动快递、外卖、网约出行、网约货运、家政、保洁等灵活就业人员较多的行业建立、完善劳动者权益保障机制，加强对平台网约劳动者的法律援助和生活服务。积极参与国家企业社会责任制度建设，推动落实企业社会责任。加强对各类社会组织和新阶层新群体的主动关注、积极联系、有效覆盖。

17. 做好农民工维权服务工作。建立健全工会系统欠薪报告制度和欠薪案件反馈督办机制，推动解决拖欠农民工工资问题，深入实施农民工学历与能力提升行动计划，深化农民工"求学圆梦行动"，设立专项扶持资金，每年帮助 30 万名职工特别是农民工提升学历水平。深入开展"尊法守法·携手筑梦"服务农民工公益法律服务行动，健全农民工法律援助服务网络，开辟农民工劳动争议案件"绿色通道"。创新农民工组织形式和入会方式，逐步建立城乡一体的农民工流动会员管理制度，提高农民工入会的积极性和主动性。推进农民工平等享受城镇基本公共服务。

18. 提升女职工维权服务水平。积极参与性别平等和女职工权益保障法律法规政策制定修订，推动用人单位建立健全工作场所性别平等制度机制，推行女职工权益保护专项集体合同，促进家庭友好型工作场所建设，帮助职工平衡工作与家庭。强化监督维权，协调推动侵害女职工权益案件调查处理；组织开展女职工维权行动月活动，深化普法宣传到基层活动。实施"女职工关爱行动"，管好用好"关爱女职工专项基金"，做好女职工"两癌"检查、女职工休息哺乳室建设、工会爱心托管服务、"会聚良缘"工会婚恋服务等工作。加强对适婚职工的婚恋观、家庭观教育引导，重视和做好应对人口老龄化国家战略、实施三孩生育政策中女职工就业、生育保险、休息休假等权益维护工作。

六、建立健全高标准职工服务体系，不断提升职工生活品质

19. 加强服务阵地建设。推进"会、站、家"一体化建设，加强枢纽型社会组织平台功能建设。培育壮大基层工会服务阵地，拓展服务项目，整合社会资源，推动开放共享，实现区域内职工活动与服务基本覆盖。按照"突出公益、聚焦主业、自主经营、依法监管"的工作要求，更好发挥工人疗休养院、工人文化宫、职工互助保障组织等服务职工的作用。加强工人文化宫规范化建设管理，"十四五"期间，全国建设100家标准化工人文化宫，推动经济较发达、职工人数多的县（县级市）实现工人文化宫建设全覆盖；整合工会资源，把县级工人文化宫打造成工会组织综合服务阵地。推进工人疗休养院改革发展，提升综合服务水平，"十四五"期间，各省级总工会至少有一家具有区位和资源优势、具有特色疗养服务和较强接待能力的工人疗休养院，全国工会每年组织劳模、职工疗休养达到500万人次，其中技术工人疗休养达到100万人次。充分发挥职工互助保障组织作用，加强和规范职工互助保障活动管理，推动实现全国职工互助保障活动省级统筹或管理，到2025年底参加职工互助保障活动的会员达到8000万人次左右，会员受益面和保障程度同步提高。加强职工院校和职业培训机构建设。推动职工旅行社、工会宾馆等积极承担劳模、职工疗休养等公益服务业务。

20. 健全困难职工家庭常态化帮扶机制。积极参与社会救助制度顶层设计，促进困难职工帮扶与社会救助体系相衔接。巩固拓展解困脱困工作成果，健全困难职工家庭生活状况监测预警机制和常态化帮扶机制。积极争取各级财政、社会资源、工会经费等多渠道投入帮扶资金，对深度困难、相对困难、意外致困等不同困难类型的困难职工家庭精准帮扶、分类施策，形成层次清晰、各有侧重、有机衔接的梯度帮扶工作格局，每年保障5万户以上深度困难职工家庭生活，解决15万户以上相对困难职工家庭、意外致困家庭生活暂时困难，引入公益慈善、爱心企业、志愿服务、专业机构等各类社会资源，推进困难职工帮扶与政府救助、公益慈善力量有机结合。推进"以工代赈"式救助帮扶，强化物质帮扶与扶志、扶智相结合，有效激发困难职工家庭解困脱困的内生动力。

21. 实施提升职工生活品质行动。以精准服务为导向，以满足职工美好生活需要为目标，制定实施工会提升职工生活品质行动方案，推行工会服务职工工作项目清单制度；建立工会帮扶工作智能化平台，健全工会服务职工满意度评价机制。开展帮扶中心赋能增效和幸福企业建设试点工作，提升职工服务中心（困难职工帮扶中心）综合服务职工功能，深入推进职工生活幸福型企业建设工作，精准对接社会资源与职工需求，培育一批服务项目，引导企业改善职工生产生活条件。2021年完成20家试点职工服务中心（困难职工帮扶中心）的综合服务能力建设、50家职工生活幸福型企业的标准化建设，孵化100家服务职工类社会资源；到2025年底实现县级以上工会职工服务中心（困难职工帮扶中心）综合服务职工能力全面提升，1万家企业完成职工生活幸福型企业标准化建设。

22. 打造服务职工系列品牌。健全完善常态化送温暖机制，继续叫响做实送温暖、金秋助学、阳光就业、职工医疗互助、工会法律援助、关爱农民工子女等工会工作传统品牌。"十四五"期间，各级工会每年筹集送温暖资金30亿元以上，走访慰问各类职工500万人以上。规范工会户外劳动者服务站点建设，引导更多社会资源参与，分批次推树1万个最美工会户外劳动者服务站点，设立专项奖补资金。做实叫响职工之家品牌，规范开展全国模范职工之家评选表彰，到2025年底建立起完善的模范职工之家动态复查监管机制。发挥模范职工之家示范引领作用，探索开展模范职工之家"结对共建"活动，普遍提升职工之家建设质量。加快推进工会志愿服务体系建设，建设管理服务平台，打造职工志愿服务品牌。按照"机制不变、力度不减、突出重点、建立品牌"的总体思路，聚焦思想引领、建功立业、劳动关系协调、就业帮扶、工会自身建设等重点任务，深入开展第三轮全国工会对口援疆援藏工作；帮助定点帮扶县巩固拓展脱贫攻坚成果，实现同乡村振兴有效衔接。

"十四五"时期工会"精准服务"指标

具体指标	发展目标
1. 解困脱困长效机制	"十四五"期间，每年保障5万户以上深度困难职工家庭生活，解决15万户以上相对困难职工家庭、意外致困家庭生活暂时困难。
2. 职工服务中心和职工生活幸福型企业建设	2021年完成20家试点职工服务中心（困难职工帮扶中心）的综合服务能力建设、50家职工生活幸福型企业的标准化建设，孵化100家服务职工类社会资源；到2025年底，实现县级以上工会职工服务中心（困难职工帮扶中心）综合服务职工能力全面提升，1万家企业完成职工生活幸福型企业标准化建设。
3. 工会传统帮扶品牌	"十四五"期间，各级工会每年筹集送温暖资金30亿元以上，走访慰问各类职工500万人以上。
4. 职工文化阵地建设	"十四五"期间，全国建设100家标准化工人文化宫，推动经济较发达、职工人数多的县（县级市）实现工人文化宫建设全覆盖。

续表

具体指标	发展目标
5. 工人疗休养	"十四五"期间，各省级总工会至少有一家具有区位和资源优势、具有特色疗养服务和较强接待能力的工人疗休养院，全国工会每年组织劳模、职工疗休养达到500万人次，其中技术工人疗休养达到100万人次。
6. 职工互助保障	到2025年底，参加职工互助保障的会员达到8000万人次左右。
7. 最美工会户外劳动者服务站点	"十四五"期间，分批次推树1万个最美工会户外劳动者服务站点。

七、构建和谐劳动关系，推动共建共治共享社会治理

23. 加大劳动法律法规源头参与力度。积极推动和参与全国人大与社会组织协商立法的制度机制建设，推动涉及职工切身利益的法律法规政策制定和修改。推动和参与《工会法》修订完善，推动制定《基本劳动标准法》、《集体合同法》、《企业民主管理法》等相关劳动法律法规，进一步完善工会协调劳动关系法律制度体系。

24. 推动完善构建和谐劳动关系制度机制。进一步推动贯彻落实《中共中央、国务院关于构建和谐劳动关系的意见》，完善工会劳动关系发展态势监测和分析研判机制，打造来源可靠、覆盖广泛、运行顺畅、反应迅速的工会劳动关系监测系统，建设具有工会特色的劳动关系数据库。促进健全劳动关系协调机制，探索推进工会劳动关系调处标准化建设，构建劳动争议受理、调查、协调、调解、签约、结案、回访、归档等一体化业务标准体系；进一步健全协调劳动关系三方组织体系，重点推动工业园区、乡镇（街道）和行业系统建立三方机制，努力构建多层次、全方位、网格化劳动关系协商协调格局。大力推进行业性、区域性集体协商。

以正常经营、已建工会的百人以上企业为重点,巩固集体协商建制率,确保重点企业单独签订集体合同率动态保持在80%以上;推动企业建立健全多形式多层级的沟通协商机制,应急、应事、一事一议开展灵活协商。开展集体协商质效评估工作,力争到2025年底覆盖60%以上的重点企业。举办城市工会集体协商竞赛活动。加强专职集体协商指导员队伍建设,力争到2025年底,基本实现专职集体协商指导员队伍对县级以上工会组织的全覆盖;加强对从事集体协商工作的工会干部、专职集体协商指导员和职工方协商代表的培训力度,全总每年重点培训100人次,各省、市级总工会每年培训不少于100人次,各县级总工会每年培训不少于30人次。健全完善劳动争议多元化解机制,推进企业和行业性、区域性劳动争议调解组织建设,完善诉调对接工作机制和调解协议履行机制,加强工会参与劳动争议调解工作与人民调解、仲裁调解、司法调解的联动协作和平台对接,不断提升劳动争议调裁审对接工作信息化、智能化水平。完善工会劳动法律法规监督机制,落实《工会劳动法律监督办法》,突出预防和协商的监督理念,重点围绕用人单位恶意欠薪、违法超时加班、违法裁员、未缴纳或未足额缴纳社会保险费等问题,规范和加强工会劳动法律监督工作。推行工会劳动法律监督"一函两书"、劳动用工法律体检、劳动用工监督评估等做法,推动各地工会建立健全与劳动保障监察机构的联动协作机制,全面提升监督实效。开展工会劳动保障法律监督员、劳动人事争议调解员和兼职仲裁员、劳动关系协调员(师)等专项培训。深化和谐劳动关系创建活动,扩大创建活动在非公有制企业和中小企业的覆盖面,推动区域性创建活动由工业园区向企业比较集中的乡镇(街道)、村(社区)拓展。配合行业主管部门构建和谐劳动关系企业指标体系,掌握在企业社会责任认证中的主动权、话语权。推进基层协调劳动关系工作服务站建设，建成一批可复制、可借鉴、可推广的和谐劳动关系示范点。

25. 推进工会工作法治化建设。加强工会法治宣传教育，不断增强职工群众法治观念、法治意识。实施工会系统"八五"普法规划，建设全国工会普法资源库，打造工会法治宣传教育活动品牌，培育工会法治宣传教育基地，壮大普法志愿者队伍。做强做实工会法律服务，加快法律服务站点建设，推进服务触角进一步向基层延伸。切实加强与司法行政部门沟通协作，进一步加大职工法律援助工作力度。评选表彰"全国维护职工权益杰出律师"，吸引和组织更多的社会律师等法律专业人才参与工会法律服务工作。进一步落实工会干部特别是领导干部学法用法制度，不断增强运用法治思维、法治方式开展工会工作的能力和水平。

26. 健全落实"五个坚决"要求的长效机制。认真贯彻落实总体国家安全观，围绕统筹发展和安全，坚持底线思维、增强忧患意识，坚持维权维稳相统一，发扬斗争精神、增强斗争本领，做到守土有责、守土负责、守土尽责，切实维护劳动领域政治安全，促进职工队伍团结统一与社会和谐稳定。参与推进市域社会治理现代化试点和工会系统平安中国建设，建立健全工会系统平安中国建设工作的能力体系。落实"五个坚决"要求，推进工会维护劳动领域安全稳定体系和能力建设，建立健全工会维护劳动领域政治安全长效机制，做好职工队伍稳定风险隐患专项排查化解工作，防患于未然，把风险隐患化解在基层一线、消除在萌芽状态。落实意识形态工作责任制，加强对意识形态风险隐患梳理排查、突发事件引导处置，牢牢掌握劳动领域意识形态斗争主导权。深化工会对劳动领域社会组织政治引领、示范带动、联系服务工作，形成党委全面领导、政府重视支持、工会联系引导、各方密切协作、社会组织专业服务、职工群众广泛参与的工作格局，推动建立创新示范基地,在条件成熟的地方培育孵化党委领导、工会主管的劳动领域社会组织或劳动领域社会组织联合会。健全完善工会信访治理体系,建好全国工会信访工作信息平台,完善信访矛盾多元化解机制,健全完善律师等第三方参与工会信访工作的组织形式和制度化渠道。

"十四五"时期工会"依法维权"指标

具体指标	发展目标
1. 集体合同签订率	到 2025 年底,确保重点企业(即正常经营、已建工会的百人以上企业)集体合同签订率动态保持在 80%以上。
2. 集体协商质效评估	到 2025 年底,集体协商质效评估工作覆盖 60%以上的重点企业。
3. 集体协商指导员队伍建设	到 2025 年底,基本实现专职集体协商指导员队伍对县级以上工会组织全覆盖;加强对从事集体协商工作的工会干部、专职集体协商指导员和职工方协商代表的培训力度,全总每年重点培训 100 人次,各省、市级总工会每年培训不少于 100 人次,各县级总工会每年培训不少于 30 人次。

八、加快智慧工会建设,打造工会工作升级版

27. 构建基于大数据技术的工会治理能力提升体系。建立和完善工会数据资源管理体系,建设工会智能数字"云脑"平台、大数据分析研判和决策支撑系统、上下联动的应用市场。应用区块链技术,建立多节点的可信"工会身份链",打造基于会员实名制数据的数字身份账户系统。整合共享各级工会数据和应用资源,强化基础数据采集校验能力和平台间对接联动,促进工会信息资源开放与应用,实现基础信息资源和业务信息资源的集约化采集、网络化汇聚、精准化管理。通过工会智能数字"云脑"体系,将数据能力和应用能力向各级工会赋能,为加强工会精准服务、业

务协同、宏观决策提供技术和数据支撑。

28. 构建基于互联网技术的工会服务应用创新体系。建设全国工会服务平台，打造以媒体宣传、就业服务、技能提升、法律维权、职工帮扶、文化服务为重点的网上服务应用。创新网上普惠服务模式，推行网上普惠服务精准化，提升工会服务平台用户活跃度、满意度。创新工会多元化服务，推进与政务服务、社会服务、企业服务有机结合，实现工会网上服务资源优化配置和共享。构建工会网上服务评价体系。建设工会业务管理和网上协同办公平台，整合全总本级重点业务应用，推动工会工作流程再造、业务功能延伸和领域拓展，实现跨层级、跨地域、跨产业、跨工作部门的网上工作协同。

29. 构建基于云计算技术的工会网信基础支撑体系。完善工会信息基础设施建设，建设全总"工会云"、网络安全态势感知平台、运维平台及灾备系统。编制实施工会系统数据资源标准规范和开放利用标准，做好与国家基础数据库和重大信息化工程之间的标准衔接。加快工会电子政务网络建设，实现与同级政务网络平台安全接入。加强工会网络安全保障体系建设，严格落实网络安全等级保护、商用密码应用等网络安全法律法规和政策标准要求，落实安全可靠产品及国产密码应用，强化重要数据和个人信息保护，在建设和运维运营中同步加强网络安全保护，提升应对处置网络安全突发事件和重大风险防控能力。

30. 巩固发展工会网上舆论阵地。做强工会主流媒体，推进工会媒体深度融合，打造以工人日报、中工网、《中国工运》、《中国工人》为龙头的工会媒体集群，做大做强工会传媒旗舰，建强各级工会融媒体中心，构建网上网下一体，以新技术为支撑、"工"字特色内容建设为根本、新型运行管理模式为保障的报网端微刊全媒体传播体系。多措并举提升工会新闻发布水平，增强工会新闻发布触达率和实效性。做强叫响网评专栏，建设一支政治素质过硬、敏锐性高、责任心强、业务本领好的工会网评队伍。健全网络舆情应急处置制度，提高网络舆情信息监测的针对性、时效性，增强应急处置能力。推进职工网络素养提升主题活动，深入开展"网聚职工正能量 争做中国好网民"主题活动。参与举办国家网络安全宣传周。强化各级工会网站内容建设、功能建设、制度建设，完善网站信息发布和内容更新保障机制，做优工会知识服务平台，推动工会网站数据共享交换。

九、深化工会和职工对外交流交往合作，为推动构建人类命运共同体作贡献

31. 拓展工会和职工国际交流交往合作的深度和广度。坚持独立自主、互相尊重、求同存异、加强合作、增进友谊的工会外事工作方针，发挥民间外交优势，服务国家总体外交。广泛开展与周边国家、广大发展中国家工会组织和职工的友好交流。积极参与二十国集团劳动会议、金砖国家工会论坛、亚欧劳工论坛等多边机制，推动建设更加公正合理的全球治理体系。积极开展对欧工作，继续举办中德工会论坛，探索开展中欧工会绿色经济、数字经济对话交流活动，助力中欧绿色和数字领域伙伴关系发展。加强与重点国家工会的对话交流和高层交往，开展与美国等西方国家工会的对话交流。积极服务"一带一路"建设，搭建中资企业与有关国家工会组织的交流沟通平台，开展与"一带一路"沿线国家工会组织和职工的交流交往活动，加强职工技能国际交流。继续推进"一带一路"沿线国家工会干部来华进修汉语项目和"一带一路"职工人文交流项目。积极参加国际劳工组织理事会选举，参与国际劳工大会、理事会及有关会议和工作机制，深化与国际劳工组织有关的南南合作项目，加强对国际劳工公约、重要投资和贸易协定中的劳工条款等问题的研究，在劳工领域维护我主权、安全和发展利益。继续开展力所能及的对外援助。创新外事工作方式方法，实行线上交流与面对面交流相结合，提升工会和职工对外交流交往效率。加强工会外宣工作，面向国际劳工界广泛宣传习近平新时代中国特色社会主义思想，宣传中国式民主，讲好中国故事、讲好中国自由民主人权故事、讲好中国工人阶级故事、讲好中国工会故事。

32. 加强与港澳台工会组织和劳动界交流合作。加强同港澳台工会、劳工团体组织的沟通联系，支持港澳爱国工会力量，支持坚持一个中国原则和"九二共识"的台湾工会团体力量，做好港澳工会青年研讨营、港澳工会"五一"代表团、海峡职工论坛、台湾工会青年研讨营等品牌交流活动。联合协作开展职工职业技能竞赛，组织开展文化、体育交流活动，指导各地工会开展与港澳台工会交流合作项目。推动在内地工作港澳职工和台湾同胞享受同等工会服务，探索在内地（大陆）工作的港澳台职工纳入劳模等称号评选范围，引导港澳台职工融入祖国发展，投身粤港澳大湾区建设。着力开展爱国主义教育、国情国策宣讲，提高港澳职工爱国精神和国家意识。加强粤港澳三地工会协调合作，围绕粤港澳大湾区建立职工服务体系，支持港澳工会依法开展内地服务工作，构建粤港澳大湾区工会工作新格局。

十、深化工会改革创新，推动新时代工会工作高质量发展

33. 系统谋划推进工会改革。把增强政治性、先进性、群众性贯穿工会改革全过程，提出深化工会改革的总体思路、重点任务、具体举措、方法路径，明确改革的任务书、时间表、路线图、责任链，对改革任务、责任、进展、薄弱环节等进行盘点、跟踪问效。坚持问题导向、目标导向，对着问题去、盯着问题改，提出更多具有创新性引领性改革举措。支持基层工会组织开展差别化改革创新，切实增强团结教育、维护权益、服务职工功能。

34. 健全工会工作制度机制。系统总结党的十八大以来特别是中央党的群团工作会议以来工会改革的成绩和经验，做好工会改革总结评估，探索新时代工会工作的发展特点和规律，坚持和完善自觉接受党的领导制度，不断巩固党执政的阶级基础和群众基础；坚持和完善发挥工人阶级主力军作用制度，推动健全保障职工主人翁地位的各项制度安排；坚持和完善强化职工思想政治引领制度，加强和改进职工思想政治工作制度、职工文化建设制度；坚持和完善推进产业工人队伍建设改革制度，造就一支宏大的高素质的产业工人大军；坚持和完善维权服务制度，完善维护职工合法权益的制度，构建服务职工工作体系；坚持和完善劳动关系协调机制，推动完善社会治理体系；坚持和完善深化工会改革创新制度，密切联系职工群众；坚持和完善加强工会系统党的建设制度，努力提高工会系统党的建设的质量。做实全总深化工会改革领导小组工作机制，建立年度全国工会改革会议制度，搭建全国工会改革经验做法交流平台，对创新做法进行年度评比激励。健全完善改革评估长效机制，开展年度改革总结和评估工作，加强对制度执行的组织领导和监督检查，推动工会各项工作制度化、科学化、规范化。

35. 激发基层工会活力。树立落实到基层、落实靠基层理念，坚持把改革向基层延伸，把力量和资源充实到基层一线，使基层工会组织建起来、转起来、活起来。树立依靠会员办会理念，完善基层工会会务公开制度机制，保障会员的知情权、参与权、表达权、监督权。坚持不懈推进基层工会会员代表大会制度和民主选举制度落实落地，落实会员代表常任制，选优配强基层工会领导班子。到2025年底普遍实现基层工会按期换届选举，建设一支政治素质好、业务能力强，知职工、懂职工、爱职工的基层工会干部队伍。加强工会小组建设，选好工会小组长，不断壮大工会积极分子队伍。探索建立工会领导机关干部联系基层工会的工作机制，加强对下级工会的指导服务，积极协调解决基层工会面临的实际困难和问题。建立健全激励和保障机制，提升基层工会干部履职能力，让他们在政治上有地位、经济上有获得、履职上有保障、职业上有发展，不断增强工作积极性和职业荣誉感。推动实行非公有制企业兼职工会干部履职补贴制度。健全完善会员代表大会评议职工之家制度，深入开展会员评家工作，到2025年底实现基层工会普遍开展会员评家，以评家促进建家。加强对社会化工会工作者、专职集体协商指导员等的统筹管理，在薪酬福利、绩效奖惩、教育培训、职业发展等方面提供规范化指导，加强社会工作岗位开发设置。进一步加强工会社会工作专业人才队伍建设，不断提升服务职工群众的能力水平，壮大基层工会力量，力争到"十四五"末，全国社会化工会工作者总数稳定在4.5万人左右。

36. **改进完善工会组织体系。**创新组织形式，理顺组织体制，构建纵横交织、覆盖广泛的工会组织体系。坚持以党建带工建为引领，完善党委领导、政府支持、工会主导、社会力量参与的建会入会工作格局，着力扩大工会组织覆盖面，实现组建工会和发展会员工作持续稳步发展。力争到"十四五"末，全国新组建基层工会组织60万个以上，新发展会员4000万人以上。在巩固传统领域建会入会基础上，重点加强"三新"领域工会组织建设，不断拓展建会入会新的增长点。以25人以上非公有制企业为重点，因地制宜、因行业制宜开展建会集中行动，推进规模较大的非公有制企业和社会组织依法规范建立工会组织。切实加强区域性、行业性工会联合会建设，健全乡镇（街道）—村（社区）—企业"小三级"工会组织体系，不断扩大对小微企业的有效覆盖。持续深化"八大群体"入会工作，聚焦货车司机、网约车司机、快递员、外卖配送员等重点群体，开展新就业形态劳动者入会集中行动，推动重点行业头部企业建立和完善工会组织。制定出台新就业形态劳动者入会相关意见，创新方式、优化程序，推行网上申请入会、集中入会仪式等做法，着力破解建会入会难题，最大限度地把农民工、灵活就业、新就业形态劳动者组织到工会中来。修订组建工会和发展会员考核奖励办法，完善考核通报等制度机制。联合国务院国资委制定加强和改进中央企业工会组织建设的指导意见，依法纠正国有企业在改革改制中随意撤并工会组织和工作机构、弱化工会组织地位作用问题。依法依规逐步调整和理顺产业工会与地方工会，与中央企业、企业集团及所属企业工会关系，与机关所属企事业单位工会的关系，进一步畅通体系、扩面提质。

37. 充分发挥产业工会作用。定期召开产业工会工作会议，及时研究解决产业工会工作中的重大问题。进一步明确全国产业工会、省级产业工会、城市产业工会、县级产业（行业）工会职责定位和工作重点。发挥产业工会全委会联合制、代表制组织制度优势，调整和优化产业工会委员单位组成，适当扩大非公有制企业、社会组织委员名额比例，增强代表性。到2025年底，各产业工会全国委员会委员和常务委员会成员中劳模和一线职工代表比例达到10%以上。完善与有关政府部门、行业协会的联席会议制度，产业协调劳动关系三方机制，探索创新产业工会行业联委会工作模式，发挥产业工会系统中的人大代表和政协工会界委员作用，支持产业工会参与产业、行业政策以及涉及产业职工切身利益的法规政策制定，及时发布具有行业指导意义的参考标准，开展国家重点工程和重大项目劳动竞赛、职工技能竞赛、培育大国工匠、职业技术培训、中心城市及县（区）范围内的行业集体协商等具有产（行）业特色的工作，更好发挥产业工会作用。建立健全产业工会工作评价体系和激励机制，加大对产业工会机构建设、经费投入、资源保障、活动开展等方面的支持力度，为产业工会发挥更大作用提供有利条件。

38. 深化财务管理改革。健全完善管理体制、经费收缴、预（决）算管理、财务监督与绩效管理等财务管理制度体系，建立财务管理公告制度。开发建设全总与省级工会贯通的工会经费收缴管理信息系统，及时准确掌握各级工会经费收缴情况。逐步扩大在京中央企业工会与全总建立财务关系的覆盖面，到 2025 年底基本实现全覆盖。积极推进工会经费收入电子票据改革试点。启动工会经费收缴改革，到 2025 年底基本形成权责清晰、财力协调、区域均衡的工会经费分配关系。深化工会全面预算管理，加强预算定额标准体系建设，逐步厘清全总本级和省级工会的事权和支出责任，稳步推进预算分配改革，建立完善转移支付制度，积极探索基层工会组织经费直达机制，出台促进基层工会留成经费足额到位的指导意见，推动解决县级以下特别是基层工会经费不足的突出问题。全面实施预算绩效管理，到 2025 年底基本实现县级以上工会预算绩效管理全覆盖。建立普惠职工的经费保障机制，将更多的工会经费用于直接服务职工群众。加强经济活动内部控制，强化财务监督检查，定期开展重大经济政策落实情况和重大项目预算执行情况专项监督。稳步推进工会财务信息公开。

39. 加强工会经费审查审计监督。按照工会一切经济活动都要纳入经审监督范围的总体要求，到 2025 年底形成以国家审计为指导、以工会经审组织为主体、以社会审计为补充、以职工会员监督为基础的工会常态化经审监督体系，不断拓展工会审查审计监督的广度和深度。逐步完善工会经审制度体系和工作机制，到 2025 年底形成覆盖主要审计类型的实务指南体系。加强审计项目和审计组织方式"两统筹"，实现工会经费审查监督、政策跟踪审计、预算执行审计、财务收支审计、经济责任审计、专项审计调查等统筹融合。深化预决算审查工作，审查监督重点向支出预算和政策执行拓展，建立经审会向同级工会党组织提交审计工作报告制度，完善以审计为基础的预决算审查机制。转变审计理念思路，把助力政策落实摆在突出位置，对政策落实情况进行全过程、全链条监督，推动工会重大决策部署落地见效。完善审计结果运用，做好审计整改"后半篇文章"，发挥工会经审组织的"审、帮、促"作用。加快推进工会经审工作信息化建设，构建全国工会经审工作平台，积极推广计算机审计、大数据审计等先进审计技术方法，开展"总体分析、发现疑点、分散核实、系统研究"的数字化审计，提高运用信息化技术查核问题、评价判断和分析问题能力。培养造就高素质专业化工会经审干部队伍，到2025年底，将全国工会专兼职经审干部轮训一遍。

40. 提高工会资产管理效能。积极推动职工文化教育事业、职工疗休养事业、职工互助保障事业纳入国家公共文化、卫生、保障服务体系，强化工会资产服务职工、服务基层功能。加强工会资产制度建设，积极探索工会资产制度的实现形式，到2025年底形成较为完善的工会资产制度体系。实施工会企事业经营业绩考核工作专项行动，到2025年底实现各级工会对本级工会企事业单位经营业绩考核全覆盖。深化工会资产体制机制改革创新，落实"统一所有、分级监管、单位使用"的工会资产监督管理体制，加强工会资产基础管理。建立健全工会资产统计制度、报告制度，加大工会资产产权登记工作力度，到2025年底工会资产不动产产权登记率逐步提高。加强工会资产管理信息化建设。积极稳妥推进工会事业单位改革工作，依法依规做好工人文化宫、工人疗休养院等工会资产阵地保护工作。

"十四五"时期工会"组织建设"指标

具体指标	发展目标
1. 新发展工会会员数	到"十四五"末,全国新发展会员4000万人以上。
2. 新组建基层工会组织数	到"十四五"末,全国新组建基层工会组织60万个以上。
3. 社会化工会工作者数	到"十四五"末,全国社会化工会工作者总数稳定在4.5万人左右。
4. 产业工会组织建设	到2025年底,各产业工会全国委员会委员和常务委员会成员中劳模和一线职工代表比例达到10%以上。

十一、坚持以党的政治建设为统领,提高工会工作能力和水平

41. 全面加强工会系统党的建设。把学习贯彻习近平新时代中国特色社会主义思想作为重大政治任务,切实用以武装头脑、指导实践、推动工作。坚持以党的政治建设为统领,牢固树立政治机关意识,推进模范机关建设,严格执行重大事项请示报告制度,确保习近平总书记重要指示批示精神和党中央重大决策部署在工会系统有效落实落地。健全完善理论武装长效机制,综合运用党组理论学习中心组学习、工会干部教育培训、党校和工会院校学习、网络学习培训等平台和载体,探索构建理论学习培训制度体系和成果评价体系。扎实开展党史学习教育、理想信念教育和中国工运史教育,巩固深化"不忘初心、牢记使命"主题教育成果。加强工会系统基层党组织建设,做好发展党员和党员教育管理工作。坚持党建带工建,积极探索"互联网+党建"工作模式,构建党建和工会业务工作深度融合的长效机制,全面强化基层党组织的政治功能和组织力。坚持全面从严治党,推动各级工会领导干部认真落实全面从严治党的主体责任、管党治党的政治责任。突出抓好政治监督，健全内部巡视制度机制，用好"四种形态"，持之以恒正风肃纪反腐。锲而不舍落实中央八项规定及其实施细则精神，全面检视、靶向纠治"四风"，坚决防止反弹回潮。落实为基层减负各项规定，建立健全联系服务职工长效机制。

42. 深化工会干部队伍建设。坚持把好干部标准贯穿各级工会干部选育管用全过程，建设忠诚干净担当的高素质专业化工会干部队伍。坚持党管干部原则，突出政治标准，严把政治关、能力关、廉洁关，建立健全崇尚实干、带动担当、加油鼓劲的正向激励体系。优化工会领导机关领导班子配备，增强整体功能。发现培养选拔优秀年轻干部，加强对处级以下年轻干部的教育管理监督，拓宽来源渠道，加大年轻干部轮岗交流力度，做好挂职援派工作。完善优秀年轻干部人选库。加大工会干部管理监督力度，健全干部考核评价机制，推进工会干部监督制度化规范化建设，逐步形成适应工会机关实际的干部监督制度体系。按照有关规定做好工会干部双重管理工作。深化工会干部教育培训，2024年召开全国工会干部教育培训工作会议，研究制定全国工会干部教育培训五年规划，编写学习贯彻习近平总书记关于工人阶级和工会工作的重要论述教材、中国工运史教材，建强用好全国工会干部教育培训网。

43. 不断拓宽工会理论研究新路子。坚持把开展工会理论研究和调查研究作为重大任务，列入各级工会领导机关重要议事日程，构建上下结合、内外协作、整体推进的全方位研究格局。突出把深入学习和研究阐释习近平总书记关于工人阶级和工会工作的重要论述作为首要任务，每年举办学习习近平总书记关于工人阶级和工会工作的重要论述理论研讨会。加快构建中国特色工会学理论体系和工会干部培训教学体系，推进工会与劳动关系领域学科建设。加强工会研究阵地和智库建设，加强工会研究队伍建设，推出一批有深度、有价值、有分量的研究成果。县级以上工会领导机关要加强中长期工会理论研究与建设规划，每年制定年度研究计划，对本级工会理论研究和调查研究工作进行统筹安排。加大理论研究成果交流推广力度，推进应用转化，推动形成工作性意见、转化为政策制度、上升为法律法规。

十二、加强规划落实的组织保障

44. 加强组织领导。各级工会要把落实规划摆上重要工作位置、列入重要工作日程，坚持主要领导亲自抓、负总责，加强统筹协调，落实责任分工，及时研究解决规划实施中的重大问题。要把推进规划落实情况纳入对工会领导班子和领导干部的考核体系，抓好过程管理和目标考核，层层传导压力，逐级压实责任。各级工会要按照规划统一部署，结合当地实际制定实施方案，逐条逐项细化举措，明确落实规划的时间表、路线图和任务书，坚决避免"有部署、无落实"现象。坚持系统观念，注重传承创新，认真对照规划目标任务，对接已经出台的专项工作规划、结合已经部署的各项改革任务统筹抓好规划落实。

45. 加强支撑保障。各级工会要围绕规划确定的目标任务，建立健全规划落实的支撑保障机制，合理调配工作力量，建立多元化投入保障体系，加强预算保障，把更多资源力量用到重要领域、重点任务和关键环节。各地工会要积极主动作为，加强调研检查，推动规划落实纳入当地经济和社会发展总体规划落实的"大盘子"，努力实现一体部署、一体推进、一体检查。要依托工会系统研究平台阵地，发挥系统内外专家智库作用，围绕规划落实中的重大问题开展调查研究，为落实规划提供理论支撑和专业支持。

46. 加强总结推广。要建立规划落实情况的督促检查和工作通报制度，适时对目标任务完成情况开展调研检查，对工作进展情况、典型做法经验等进行通报，鼓励先进、鞭策后进。根据形势变化和工作要求，定期评估工作进展成效，做到一年一评估，以钉钉子精神一抓到底、抓出成效，增强规划落实的系统性和实效性。加强对规划的阐释解读，将规划作为工会干部教育培训的重要内容，引导广大工会干部全面准确理解规划、自觉推动落实规划。发挥工会系统媒体阵地作用，积极回应与规划有关的社会关切，结合调研督导、送教到基层等，以职工群众喜闻乐见、易于接受的形式，做好规划内容的宣传宣讲，凝聚广泛共识，争取各方支持，营造良好氛围。

二、工作规定

机关工会工作暂行条例

(2015年6月26日 总工发〔2015〕27号)

第一章 总 则

第一条 为加强机关工会工作制度化、规范化建设，充分发挥机关工会作用，根据《中华人民共和国工会法》和《中国工会章程》，制定本条例。

第二条 机关工会是指党的机关、人大机关、行政机关、政协机关、审判机关、检察机关，各民主党派和工商联的机关，以及使用国家行政编制的人民团体和群众团体机关等依法建立的工会组织。

第三条 机关工会必须坚持党的领导，在同级机关党组织领导下，依照法律和《中国工会章程》独立自主地开展工作，依法行使权利和履行义务。

第四条 机关工会以马克思列宁主义、毛泽东思想、邓小平理论、"三个代表"重要思想、科学发展观为指导，深入贯彻习近平总书记系列重要讲话精神，坚持正确政治方向，在思想上、政治上、行动上同党中央保持一致，坚定不移走中国特色社会主义工会发展道路，认真履行工会各项社会职能，团结动员机关职工为完成机关各项任务作贡献，在全面建成小康社会、实现中华民族伟大复兴的中国梦的历史进程中充分发挥作用。

第五条 机关工会坚持以改革创新精神加强自身建设，坚持群众化、民主化、制度化，改进工作作风，保持同职工的密切联系，依靠职工开展工作，把机关工会组织建设成职工群众信赖的"职工之家"，把工会干部锤炼成听党话、跟党走、职工群众信赖的"娘家人"。

第二章　组织建设

第六条 机关单位应当依法建立工会组织。有会员二十五人以上的，应当建立机关工会委员会；不足二十五人的，可以单独建立机关工会委员会，也可以由两个以上单位的会员联合建立机关工会委员会，也可以选举工会主席一人，主持工会工作。

机关内设部门及机构，可以建立机关工会分会或者工会小组。

会员人数较多的工会组织，可以根据需要设立相应的专门工作委员会，承担工会委员会的有关工作。

第七条 机关工会组织按照民主集中制原则建立。工会委员会由会员大会或者会员代表大会民主选举产生，选举结果报上一级工会批准。

机关工会接受同级机关党组织和上级工会双重领导，以同级机关党组织领导为主。

第八条 机关工会委员会每届任期三至五年，具体任期由会员大会或者会员代表大会决定。

机关工会委员会应当按期换届。因故提前或者延期换届的，应当报上一级工会批准。任期届满未换届的，上级工会有权督促其限期进行换届。

第九条 机关工会委员会具备条件的，应当依法申请取得工会法人资格，工会主席或者主持工作的副主席为法定代表人。

第十条 各省、自治区、直辖市，设区的市（地）和自治州

(盟)、县（区、旗）、自治县、不设区的市所属机关，经同级地方工会或者其派出机关批准，成立机关工会委员会或者联合机关工会委员会。

各省、自治区、直辖市，设区的市（地）和自治州（盟），县（区、旗）、自治县、不设区的市，经同级地方工会批准，可以成立地方机关工会联合会，也可以设立地方机关工会工作委员会，领导本级各机关工会委员会或者联合机关工会委员会。

地方机关工会联合会或者地方机关工会工作委员会以同级地方直属机关党的工作委员会领导为主，同时接受地方工会的领导。

第十一条　中央直属机关工会联合会、中央国家机关工会联合会的建立，由中华全国总工会批准。中央直属机关工会联合会、中央国家机关工会联合会以中央直属机关工作委员会、中央国家机关工作委员会领导为主，同时接受中华全国总工会的领导。

中央和国家机关各部委、各人民团体机关，经中央直属机关工会联合会或者中央国家机关工会联合会批准，成立机关工会委员会。

第三章　工作职责

第十二条　机关工会的职责是：

（一）加强对职工进行中国特色社会主义理论体系教育，深入开展党的基本理论、基本路线、基本纲领、基本经验、基本要求教育，培育和践行社会主义核心价值观，不断提高机关职工政治理论、思想道德、科学文化和业务素质水平。

（二）动员组织职工围绕机关中心工作，开展创先争优活动，做好先进工作者的评选、表彰、培养、管理和服务工作。

（三）加强和改进职工思想政治工作，注重人文关怀和心理疏导，开展群众性精神文明创建、文化体育活动，丰富职工精神文化生活，推动机关文化建设。

（四）配合党政机关贯彻落实《中华人民共和国公务员法》等法律法规，维护机关职工合法权益，协助党政机关解决涉及职工切身利益的问题。做好困难职工帮扶工作，组织职工参加疗养、休养及健康体检，努力为职工办实事、做好事、解难事，促进和谐机关建设。

（五）加强调查研究，反映机关职工意见和建议，参与机关内部事务民主管理、民主监督，促进机关内部事务公开，保障职工的知情权、参与权、表达权、监督权，推进机关廉政建设。

（六）加强工会组织建设，健全工会民主制度，做好会员的发展、接收、教育和会籍管理工作，加强对专（兼）职工会干部和工会积极分子的培养，深入开展建设职工之家活动。

（七）依法收好、管好、用好工会经费，管理好工会资产。

第四章 组 织 制 度

第十三条 机关工会每年至少召开一次会员大会或者会员代表大会。经机关工会委员会或者三分之一以上会员提议，可以临时召开会议。会员在一百人以下的应当召开会员大会。

会员大会和会员代表大会的主要任务是：传达党组织、上级工会的重要指示精神；审议和批准工会委员会工作报告；审议和批准工会委员会的经费收支情况报告和经费审查委员会的工作报告；选举工会委员会、经费审查委员会；讨论决定工会工作的重大问题；公开工会内部事务；民主评议监督工会工作和工会领导人。

会员代表大会代表实行常任制，任期与工会委员会相同。

第十四条 机关工会委员会主持会员大会或者会员代表大会的日常工作，向会员大会或者会员代表大会负责并报告工作，接受会员监督。

第十五条 机关工会委员会的主要任务是：负责贯彻党组织和上级工会工作部署、会员大会或者会员代表大会决议；向党组织和上级工会请示报告有关召开会员大会或者会员代表大会的重要事宜；研究制定工会工作计划和重大活动方案，提出工作报告；编制和执行工会经费预算，编报工会经费决算，审批重大支出项目；讨论和决定其他重要事项。

第十六条 机关工会委员会向同级机关党组织请示汇报以下事项：贯彻上级党组织对工会工作重要指示和上级工会重要工作部署的意见；召开会员大会或者会员代表大会的方案、工会工作报告、工作安排、重要活动及主要领导成员的推荐人选；涉及职工切身利益的重大问题及思想工作和生活情况；推荐表彰先进等事项。

第五章　干部队伍

第十七条 机关工会应当根据职工人数相应配备专（兼）职工会干部。职工人数较多的，可以配备专职工会主席。

第十八条 机关工会设专职主席的，一般按同级机关党组织副职领导干部配备；设专职副主席的，一般按相应职级的干部配备。机关工会主席是党员的，应当具备提名作为同级机关党组织常委、委员候选人的条件。

第十九条 机关工会主席、副主席和委员实行任期制，可以连选连任。

工会主席、副主席因工作需要调动时，应当征得本级工会委员会和上一级工会的同意。

工会主席、副主席缺额时，应当及时补选，空缺时间不超过半年。

第六章 工会经费和资产

第二十条 工会会员按规定标准按月缴纳会费。

建立工会组织的机关，按每月全部职工工资总额的百分之二向机关工会拨缴工会经费；由财政统一划拨经费的，工会经费列入同级财政预算，按财政统一划拨方式执行。

机关工会可以按照《中华人民共和国工会法》有关规定，向机关单位申请经费补助，以弥补工会经费不足。

上级工会有权对下级工会所在机关拨缴工会经费情况进行监督检查。对无正当理由拖延或者拒不拨缴工会经费的单位，依据《中华人民共和国工会法》相关规定处理。

第二十一条 具备社团法人资格的机关工会可以设立独立经费账户。费用支出实行工会主席签批制度。

工会经费主要用于为职工服务和工会活动。

机关工会应当按照有关规定收缴、上解工会经费，依法独立管理和使用工会经费。任何组织和个人不得截留、挪用、侵占工会经费。

第二十二条 机关工会应当根据经费独立原则建立预算、决算和经费审查制度，坚持量入为出、厉行节约、收支平衡的原则。

工会经费的收支情况应当由同级工会经费审查委员会审查，并定期向会员大会或者会员代表大会报告，采取一定方式公开，接受会员监督。工会经费的审查工作按照有关法律、规定和工会经费审查制度进行。

工会主席任期届满或者任期内离任的，应当按照规定进行经济责任审计。

第二十三条 各级人民政府和机关单位应当依法为工会办公和开展活动提供必要的设施和活动场所等物质条件。

工会经费、资产和国家拨给工会的不动产及拨付资金形成的资产，任何单位和个人不得侵占、挪用和任意调拨；未经批准，工会所属的为职工服务的企业、事业单位，其隶属关系和产权关系不得改变。

第七章　工会经费审查审计

第二十四条　会员大会或者会员代表大会在选举机关工会委员会的同时，选举产生经费审查委员会，会员人数较少的，可以选举经费审查委员一人。

经费审查委员会主任、副主任由经费审查委员会全体会议选举产生。经费审查委员会主任按同级工会副职级配备。

经费审查委员会或者经费审查委员的选举结果，与机关工会委员会的选举结果同时报上一级工会批准。

第二十五条　机关工会经费审查委员会的任期与机关工会委员会相同，向同级会员大会或者会员代表大会负责并报告工作；在会员大会或者会员代表大会闭会期间，向同级工会委员会负责并报告工作。

第二十六条　机关工会经费审查委员会审查审计同级工会组织的经费收支、资产管理等全部经济活动。

经费审查委员会对审查审计工作中的重大事项，有权向同级工会委员会和上一级经费审查委员会报告。

机关工会经费审查委员会应当接受上级工会经费审查委员会的业务指导和督促检查。

第八章　女职工工作

第二十七条　机关工会有女会员十人以上的建立女职工委员会，不足十人的设女职工委员。

女职工委员会由同级机关工会委员会提名，在充分协商的基础上组成或者选举产生，女职工委员会与工会委员会同时建立，在同级工会委员会领导下开展工作，接受上级工会女职工委员会指导，任期与同级工会委员会相同。

女职工委员会主任由机关工会女主席或者女副主席担任，也可以经民主协商，按照同级工会副主席相应条件配备女职工委员会主任。

第二十八条　机关工会女职工委员会的任务是：依法维护女职工的合法权益和特殊利益；组织开展女职工岗位建功活动；开展教育培训，全面提高女职工的思想道德、科学文化、业务技能和健康素质；关心女职工成长进步，积极发现、培养、推荐女性人才。

第二十九条　机关工会女职工委员会定期研究涉及女职工的有关问题，向机关工会委员会和上级工会女职工委员会报告工作。

机关工会应当支持女职工委员会根据女职工的特点开展工作，并提供必要的活动场地和经费。

第三十条　机关工会女职工委员会通过县以上地方工会接受妇联的业务指导。

第九章　附　　则

第三十一条　参照《中华人民共和国公务员法》管理的事业单位，适用本条例。

机关直属企业和实行企业化管理的事业单位工会，依照《企业工会工作条例》执行。

第三十二条　各省、自治区、直辖市总工会，中央直属机关工会联合会、中央国家机关工会联合会可以依据本条例，制定具体实施办法。

第三十三条 本条例由中华全国总工会负责解释。

第三十四条 本条例自公布之日起施行。

事业单位工会工作条例

（2018年9月4日 总工发〔2018〕26号）

第一章 总 则

第一条 为深入推进新时代事业单位工会工作改革创新，充分发挥事业单位工会作用，促进事业单位改革发展，根据《中华人民共和国工会法》《中国工会章程》，制定本条例。

第二条 本条例所指事业单位工会是指国家为了社会公益目的，由国家机关举办或者其他社会组织利用国有资产举办的，从事教育、科技、文化、卫生、体育等活动的社会服务组织中依法建立的工会组织。

第三条 事业单位工会以马克思列宁主义、毛泽东思想、邓小平理论、"三个代表"重要思想、科学发展观、习近平新时代中国特色社会主义思想为指导，坚持正确政治方向，坚持围绕中心、服务大局，牢牢把握为实现中华民族伟大复兴的中国梦而奋斗的工人运动时代主题，坚定不移走中国特色社会主义工会发展道路，推进事业单位工会制度化、规范化建设，加强维权服务，积极创新实践，强化责任担当，团结动员事业单位职工群众为全面建成小康社会、夺取新时代中国特色社会主义伟大胜利、实现中华民族伟大复兴的中国梦作出积极贡献。

第四条 事业单位工会接受同级党组织和上级工会双重领导，以同级党组织领导为主。对不在事业单位所在地的直属单位工会，实行属地管理原则。

第五条 事业单位工会工作应遵循把握以下原则：坚持党的领导，贯彻落实党的全心全意依靠工人阶级的根本指导方针，始终保持正确的政治方向；坚持以职工为本，保持和增强政治性、先进性、群众性，发挥联系职工桥梁纽带作用；坚持依法依规，做到依法建会、依法管会、依法履职、依法维权；坚持改革创新，适应形势任务要求，积极探索实践，不断加强自身建设，把工会组织建设得更加充满活力、更加坚强有力，努力增强吸引力凝聚力战斗力。

第二章 组织建设

第六条 事业单位应当依法建立工会组织，组织职工加入工会。

会员二十五人以上的事业单位建立工会委员会；不足二十五人的可以单独建立工会委员会，也可以由两个以上事业单位的会员联合建立工会基层委员会，也可以选举组织员或者工会主席一人，主持工会工作。同时按有关规定建立工会经费审查委员会、工会女职工委员会。

第七条 会员人数较多的事业单位工会组织，可以根据需要设立专门工作委员会，承担工会委员会的有关工作。

事业单位内设机构，可以建立工会分会或工会小组。

第八条 事业单位工会具备法人条件的，依法取得社团法人资格，工会主席为法定代表人。

第九条 事业单位工会受法律保护，不得随意撤销、合并或归属其他部门。

事业单位被撤销，其工会组织相应撤销，并报告上一级工会，已取得社团法人资格的，办理社团法人注销手续。

事业单位改革改制，应同时建立健全工会组织和相应机构。

二、工作规定

第十条 会员大会或会员代表大会每年至少召开一次会议。经事业单位工会委员会或三分之一以上会员提议，可临时召开会议。

第十一条 会员代表大会的代表实行常任制，任期与本单位工会委员会相同。

第十二条 会员在一百人以下的事业单位工会应召开会员大会。

第十三条 会员大会或会员代表大会的职权：

（一）审议和批准工会委员会的工作报告；

（二）审议和批准工会委员会的经费收支情况报告和经费审查委员会的工作报告；

（三）选举工会委员会和经费审查委员会；

（四）撤换或罢免其所选举的代表或工会委员会组成人员；

（五）讨论决定工会工作其他重大问题；

（六）公开工会内部事务；

（七）民主评议和监督工会工作及工会负责人。

第十四条 会员代表大会或会员大会与职工代表大会（或职工大会，下同）须分别行使职权，不得相互替代。

第十五条 大型事业单位工会委员会，根据工作需要，经上级工会批准，可设立常务委员会，负责工会委员会的日常工作，其下属单位可建立工会委员会。

事业单位工会委员会委员和常务委员会委员应差额选举产生，可以直接采用候选人数多于应选人数的差额选举办法进行正式选举，也可以先采用差额选举办法进行预选产生候选人名单，然后进行正式选举。委员会委员和常务委员会委员的差额率分别不低于5%和10%。选举结果报上一级工会批准。

第十六条 事业单位工会委员会是会员大会或会员代表大会

的常设机构，对会员大会或会员代表大会负责，接受会员监督。在会员大会或会员代表大会闭会期间，负责日常工作。

第十七条 事业单位工会委员会和经费审查委员会每届任期三年至五年，具体任期由会员大会或者会员代表大会决定。任期届满，应当如期召开会员大会或者会员代表大会，进行换届选举。特殊情况下，经上一级工会批准，可以提前或者延期举行，延期时间一般不超过半年。

第十八条 工会委员会实行民主集中制，重要人事事项、大额财务支出、资产处置、评先评优等重大问题、重要事项须经集体讨论作出决定。

第十九条 工会委员会（常委会）一般每季度召开一次会议，讨论或决定下列事项：

（一）贯彻党组织、上级工会有关决定和工作部署，执行会员大会或会员代表大会决议；

（二）向党组织、上级工会提交的重要请示、报告，向会员大会或会员代表大会提交的工作报告；

（三）工会工作计划和总结；

（四）向行政提出涉及单位发展、有关维护服务职工重大问题的建议；

（五）工会经费预算执行情况及重大财务支出；

（六）由工会委员会讨论和决定的其他事项。

第三章　职责任务

第二十条 事业单位工会的职责任务：

（一）坚持用习近平新时代中国特色社会主义思想武装头脑，认真学习贯彻党的基本理论、基本路线、基本方略，教育引导职工树立共产主义远大理想和中国特色社会主义共同理想，团结引导职工群众听党话、跟党走。

（二）培育和践行社会主义核心价值观，加强和改进职工思想政治工作，开展理想信念教育，实施道德建设工程，培养职工的社会公德、职业道德、家庭美德、个人品德，深化群众性精神文明创建活动，提高职工的思想觉悟、道德水准、文明素养。

（三）弘扬劳模精神、劳动精神、工匠精神，营造劳动光荣的社会风尚和精益求精的敬业风气，深入开展劳动和技能竞赛，开展群众性技术创新、技能培训等活动，提升职工技能技术素质，建设知识型、技能型、创新型职工队伍。

（四）加强职工文化建设，注重人文关怀和心理疏导，开展主题文化体育活动，丰富职工精神文化生活。

（五）加强以职工代表大会为基本形式的民主管理工作，深入推进事业单位内部事务公开，落实职工的知情权、参与权、表达权、监督权。

（六）做好职工维权工作，开展集体协商，构建和谐劳动人事关系，协调处理劳动人事争议，推动解决劳动就业、技能培训、工资报酬、安全健康、社会保障以及职业发展、民主权益、精神文化需求等问题。

（七）做好服务职工工作，倾听职工意见，反映职工诉求，协助党政办好职工集体福利事业，开展困难职工帮扶，组织职工参加疗养、休养及健康体检，为职工办实事、做好事、解难事。

（八）加强工会组织建设，建立健全工会内部运行和开展工作的各项制度，做好会员的发展、接转、教育和会籍管理工作，加强对专（兼）职工会干部和工会积极分子的培养，深入开展"职工之家"和"职工小家"创建活动。

（九）收好、管好、用好工会经费，管理使用好工会资产，加强工会经费和工会资产审查审计监督工作。

第四章 工作制度

第二十一条 职工代表大会是事业单位实行民主管理的基本形式，是职工行使民主管理权力的机构。

事业单位职工代表大会每三年至五年为一届，每年至少召开一次。召开职工代表大会正式会议，必须有全体职工代表三分之二以上出席。

事业单位工会是职工代表大会工作机构，负责职工代表大会的日常工作。

事业单位工会承担以下与职工代表大会相关的工作职责：

（一）做好职工代表大会的筹备工作和会务工作，组织选举职工代表大会代表，征集和整理提案，提出会议议题、方案和主席团建议人选；

（二）职工代表大会闭会期间，组织传达贯彻会议精神，督促检查会议决议的落实；

（三）组织职工代表的培训，接受和处理职工代表的建议和申诉；

（四）就本单位民主管理工作向单位党组织汇报；

（五）完成职工代表大会委托的其他任务。

事业单位应当为本单位工会承担职工代表大会工作机构的职责提供必要的工作条件和经费保障。

第二十二条 事业单位的党政工联席会议，研究和解决事关职工切身利益的重要问题，由本单位工会召集。

第二十三条 建立和规范事务公开制度，协助党政做好事务公开工作，明确公开内容，拓展公开形式，并做好民主监督。

第二十四条 畅通职工表达合理诉求渠道，通过协商、协调、沟通的办法，化解劳动人事矛盾，构建和谐劳动人事关系。

第二十五条 建立健全劳动人事关系调解机制，协商解决涉及职工切身利益的问题。建立和完善科学有效的利益协调机制、诉求表达机制、权益保障机制。建立劳动人事关系争议预警机制，做好劳动人事关系争议预测、预报、预防工作。事业单位工会应当积极同有关方面协商，表达职工诉求，提出解决的意见建议。

第五章 自身建设

第二十六条 事业单位依法依规设置工会工作机构，明确主要职责、机构规格、领导职数和编制数额。

第二十七条 事业单位工会主席应以专职为主，兼职为辅。职工两百人以上的事业单位，设专职工会主席。工会专职工作人员的具体人数由事业单位工会与单位行政协商确定。根据工作需要和经费许可，事业单位工会可从社会聘用工会工作人员，建立专兼职相结合的干部队伍。

事业单位工会主席、副主席和委员实行任期制，可以连选连任。

工会主席、副主席因工作需要调动时，应当征得本级工会委员会和上一级工会的同意。

工会主席、副主席空缺时，应当及时补选，空缺期限一般不超过半年。

第二十八条 突出政治标准，选优配强事业单位工会领导班子和干部队伍，牢固树立政治意识、大局意识、核心意识、看齐意识，坚定道路自信、理论自信、制度自信、文化自信，坚决维护党中央权威和集中统一领导。按照既要政治过硬、又要本领高强的要求，建设忠诚干净担当的高素质事业单位工会干部队伍，注重培养专业能力、专业精神，提高做好群众工作本领。

第六章 工会经费和资产

第二十九条 具备社团法人资格的事业单位工会应当独立设立经费账户。工会经费支出实行工会法定代表人签批制度。

事业单位工会经费主要用于为职工服务和工会活动。

第三十条 工会会员按规定标准和程序缴纳会费。

建立工会组织的事业单位，按每月全部职工工资总额的百分之二向事业单位工会拨缴工会经费；由财政统一划拨经费的，工会经费列入同级财政预算，按财政统一划拨方式执行。

事业单位工会因工作需要，可以依据《中华人民共和国工会法》等有关规定，向单位行政申请经费补助。

上级工会有权对下级工会所在事业单位拨缴工会经费情况进行监督检查。对无正当理由拖延或者拒不拨缴工会经费的单位，依据《中华人民共和国工会法》等有关规定处理。

事业单位工会应当按照有关规定收缴、上解工会经费，依法独立管理和使用工会经费。任何组织和个人不得截留、挪用、侵占工会经费。

第三十一条 事业单位工会应当根据经费独立原则建立预算、决算和经费审查审计制度，坚持遵纪守法、经费独立、预算管理、服务职工、勤俭节约、民主管理的原则。事业单位工会应当建立健全财务制度，完善经费使用流程和程序，各项收支实行工会委员会集体领导下的主席负责制，重大收支必须集体研究决定。

事业单位工会应根据国家和全国总工会的有关政策规定以及上级工会的要求，依法、科学、完整、合理地编制工会经费年度预（决）算，按程序报上一级工会批准，严禁无预算、超预算使用工会经费。

第三十二条 各级人民政府和事业单位应当依法为事业单

工会办公和开展活动提供必要的设施和活动场所等物质条件。

工会经费、资产和国家拨给工会的不动产及拨付资金形成的资产,任何单位和个人不得侵占、挪用和任意调拨。

第七章　工会经费审查审计

第三十三条　会员大会或者会员代表大会在选举事业单位工会委员会的同时,选举产生经费审查委员会,会员人数较少的,可以选举经费审查委员一人。

经费审查委员会主任、副主任由经费审查委员会全体会议选举产生。经费审查委员会主任按同级工会副职级配备。

经费审查委员会或者经费审查委员的选举结果,与事业单位工会委员会的选举结果同时报上一级工会批准。

第三十四条　事业单位工会经费审查委员会的任期与事业单位工会委员会相同,向同级会员大会或者会员代表大会负责并报告工作;在会员大会或者会员代表大会闭会期间,向同级工会委员会负责并报告工作;事业单位工会经费审查委员会应当接受上级工会经费审查委员会的业务指导和督促检查。

第三十五条　事业单位工会经费审查委员会审查审计同级工会组织的经费收支、资产管理等全部经济活动,定期向会员大会或者会员代表大会报告,并采取一定方式公开,接受会员监督。

经费审查委员会对审查审计工作中的重大事项,有权向同级工会委员会和上一级经费审查委员会报告。

工会主席任期届满或者任期内离任的,应当按照规定对其进行经济责任审计。

第八章　女职工工作

第三十六条　事业单位工会有女会员十人以上的建立工会女

职工委员会，不足十人的设女职工委员。

女职工委员会与工会委员会同时建立，在同级工会委员会领导下开展工作，接受上级工会女职工委员会指导，任期与同级工会委员会相同。女职工委员会委员由同级工会委员会提名，在充分协商的基础上组成或者选举产生。

女职工委员会主任由事业单位工会女主席或者女副主席担任，也可以经民主协商，按照同级工会副主席相应条件选配女职工委员会主任。

第三十七条 女职工委员会的基本任务是：依法维护女职工的合法权益和特殊利益；组织实施女职工提升素质建功立业工程，全面提高女职工的思想道德、科学文化和业务技能素质；开展家庭文明建设工作；关注女职工身心健康，做好关爱帮困工作；加强工会女职工工作的理论政策研究；关心女职工成长进步，积极发现、培养、推荐女性人才。

第三十八条 女职工委员会定期研究涉及女职工的有关问题，向同级工会委员会和上级工会女职工委员会报告工作，重要问题应提交职工代表大会审议。

事业单位工会应为女职工委员会开展工作与活动提供必要的场地和经费。

第九章 附 则

第三十九条 民办非企业单位（社会服务机构）工会参照本条例执行。

第四十条 参照公务员法管理的事业单位工会和承担行政职能的事业单位工会，依照《机关工会工作暂行条例》执行。

从事生产经营活动的事业单位工会，依照《企业工会工作条例》执行。

第四十一条 各省、自治区、直辖市总工会可依据本条例，制定具体实施办法。

第四十二条 本条例由中华全国总工会负责解释。

第四十三条 本条例自公布之日起施行。

企业工会工作条例

（2006年12月11日中华全国总工会第十四届执行委员会第四次全体会议通过）

第一章 总 则

第一条 为加强和改进企业工会工作，发挥企业工会团结组织职工、维护职工权益、促进企业发展的重要作用，根据《工会法》、《劳动法》和《中国工会章程》，制定本条例。

第二条 企业工会是中华全国总工会的基层组织，是工会的重要组织基础和工作基础，是企业工会会员和职工合法权益的代表者和维护者。

第三条 企业工会以邓小平理论和"三个代表"重要思想为指导，贯彻科学发展观，坚持全心全意依靠工人阶级根本指导方针，走中国特色社会主义工会发展道路，落实"组织起来、切实维权"的工作方针，团结和动员职工为实现全面建设小康社会宏伟目标作贡献。

第四条 企业工会贯彻促进企业发展、维护职工权益的工作原则，协调企业劳动关系，推动建设和谐企业。

第五条 企业工会在本企业党组织和上级工会的领导下，依照法律和工会章程独立自主地开展工作，密切联系职工群众，关心职工群众生产生活，热忱为职工群众服务，努力建设成为组织健全、维权到位、工作活跃、作用明显、职工信赖的职工之家。

第二章　企业工会组织

第六条　企业工会依法组织职工加入工会,维护职工参加工会的权利。

第七条　会员二十五人以上的企业建立工会委员会;不足二十五人的可以单独建立工会委员会,也可以由两个以上企业的会员按地域或行业联合建立基层工会委员会。同时按有关规定建立工会经费审查委员会、工会女职工委员会。

企业工会具备法人条件的,依法取得社会团体法人资格,工会主席是法定代表人。

企业工会受法律保护,任何组织和个人不得随意撤销或将工会工作机构合并、归属到其他部门。

企业改制须同时建立健全工会组织。

第八条　会员大会或会员代表大会是企业工会的权力机关,每年召开一至两次会议。经企业工会委员会或三分之一以上会员提议可临时召开会议。

会员代表大会的代表由会员民主选举产生,会员代表实行常任制,任期与企业本届工会委员会相同,可连选连任。

会员在一百人以下的企业工会应召开会员大会。

第九条　会员大会或会员代表大会的职权:

(一) 审议和批准工会委员会的工作报告。

(二) 审议和批准工会委员会的经费收支情况报告和经费审查委员会的工作报告。

(三) 选举工会委员会和经费审查委员会。

(四) 听取工会主席、副主席的述职报告,并进行民主评议。

(五) 撤换或者罢免其所选举的代表或者工会委员会组成

人员。

（六）讨论决定工会工作其他重大问题。

第十条 会员大会或会员代表大会与职工代表大会或职工大会须分别行使职权，不得相互替代。

第十一条 企业工会委员会由会员大会或会员代表大会差额选举产生，选举结果报上一级工会批准，每届任期三年或者五年。

大型企业工会经上级工会批准，可设立常务委员会，负责工会委员会的日常工作，其下属单位可建立工会委员会。

第十二条 企业工会委员会是会员大会或会员代表大会的常设机构，对会员大会或会员代表大会负责，接受会员监督。在会员大会或会员代表大会闭会期间，负责日常工作。

第十三条 企业工会委员会根据工作需要，设立相关工作机构或专门工作委员会、工作小组。

工会专职工作人员一般按不低于企业职工人数的千分之三配备，具体人数由上级工会、企业工会与企业行政协商确定。

根据工作需要和经费许可，工会可从社会聘用工会工作人员，建立专兼职相结合的干部队伍。

第十四条 企业工会委员会实行民主集中制，重要问题须经集体讨论作出决定。

第十五条 企业工会委员（常委）会一般每季度召开一次会议，讨论或决定以下问题：

（一）贯彻执行会员大会或会员代表大会决议和党组织、上级工会有关决定、工作部署的措施。

（二）提交会员大会或会员代表大会的工作报告和向党组织、上级工会的重要请示、报告。

（三）工会工作计划和总结。

（四）向企业提出涉及企业发展和职工权益重大问题的建议。

（五）工会经费预算执行情况及重大财务支出。

（六）由工会委员会讨论和决定的其他问题。

第十六条 企业生产车间、班组建立工会分会、工会小组，会员民主选举工会主席、工会小组长，组织开展工会活动。

第十七条 建立工会积极分子队伍，发挥工会积极分子作用。

第三章　基本任务和活动方式

第十八条 企业工会的基本任务：

（一）执行会员大会或会员代表大会的决议和上级工会的决定。

（二）组织职工依法通过职工代表大会或职工大会和其他形式，参加企业民主管理和民主监督，检查督促职工代表大会或职工大会决议的执行。

（三）帮助和指导职工与企业签订劳动合同。就劳动报酬、工作时间、劳动定额、休息休假、劳动安全卫生、保险福利等与企业平等协商、签订集体合同，并监督集体合同的履行。调解劳动争议。

（四）组织职工开展劳动竞赛、合理化建议、技术革新、技术攻关、技术协作、发明创造、岗位练兵、技术比赛等群众性经济技术创新活动。

（五）组织培养、评选、表彰劳动模范，负责做好劳动模范的日常管理工作。

（六）对职工进行思想政治教育，组织职工学习文化、科学和业务知识，提高职工素质。办好职工文化、教育、体育事业，开展健康的文化体育活动。

（七）协助和督促企业做好劳动报酬、劳动安全卫生和保险福利等方面的工作，监督有关法律法规的贯彻执行。参与劳动安全卫生事故的调查处理。协助企业办好职工集体福利事业，做好困难职工帮扶救助工作，为职工办实事、做好事、解难事。

（八）维护女职工的特殊利益。

（九）加强组织建设，健全民主生活，做好会员会籍管理工作。

（十）收好、管好、用好工会经费，管理好工会资产和工会企（事）业。

第十九条 坚持群众化、民主化，实行会务公开。凡涉及会员群众利益的重要事项，须经会员大会或会员代表大会讨论决定；工作计划、重大活动、经费收支等情况接受会员监督。

第二十条 按照会员和职工群众的意愿，依靠会员和职工群众，开展形式多样的工会活动。

第二十一条 工会召开会议或者组织职工活动，需要占用生产时间的，应当事先征得企业的同意。

工会非专职委员占用生产或工作时间参加会议或者从事工会工作，在法律规定的时间内工资照发，其他待遇不受影响。

第二十二条 开展建设职工之家活动，建立会员评议建家工作制度，增强工会凝聚力，提高工会工作水平。

推动企业关爱职工，引导职工热爱企业，创建劳动关系和谐企业。

第四章　工会主席

第二十三条 职工二百人以上的企业工会依法配备专职工会主席。由同级党组织负责人担任工会主席的，应配备专职工会副主席。

第二十四条 国有、集体及其控股企业工会主席候选人，应由同级党组织和上级工会在充分听取会员意见的基础上协商提名。

工会主席按企业党政同级副职级条件配备，是共产党员的应进入同级党组织领导班子。专职工会副主席按不低于企业中层正职配备。

私营企业、外商投资企业、港澳台商投资企业工会主席候选人，由会员民主推荐，报上一级工会同意提名；也可以由上级工会推荐产生。工会主席享受企业行政副职待遇。

企业行政负责人、合伙人及其近亲属不得作为本企业工会委员会成员的人选。

第二十五条　工会主席、副主席可以由会员大会或会员代表大会直接选举产生，也可以由企业工会委员会选举产生。工会主席出现空缺，须按民主程序及时进行补选。

第二十六条　工会主席应当具备下列条件：

（一）政治立场坚定，热爱工会工作。

（二）具有与履行职责相应的文化程度、法律法规和生产经营管理知识。

（三）作风民主，密切联系群众，热心为会员和职工服务。

（四）有较强的协调劳动关系和组织活动能力。

第二十七条　企业工会主席的职权：

（一）负责召集工会委员会会议，主持工会日常工作。

（二）参加企业涉及职工切身利益和有关生产经营重大问题的会议，反映职工的意愿和要求，提出工会的意见。

（三）以职工方首席代表的身份，代表和组织职工与企业进行平等协商、签订集体合同。

（四）代表和组织职工参与企业民主管理。

（五）代表和组织职工依法监督企业执行劳动安全卫生等法律法规，要求纠正侵犯职工和工会合法权益的行为。

（六）担任劳动争议调解委员会主任，主持企业劳动争议调解委员会的工作。

（七）向上级工会报告重要信息。

（八）负责管理工会资产和经费。

第二十八条 按照法律规定，企业工会主席、副主席任期未满时，不得随意调动其工作。因工作需要调动时，应征得本级工会委员会和上一级工会的同意。

罢免工会主席、副主席必须召开会员大会或会员代表大会讨论，非经会员大会全体会员或者会员代表大会全体代表无记名投票过半数通过，不得罢免。

工会专职主席、副主席或者委员自任职之日起，其劳动合同期限自动延长，延长期限相当于其任职期间；非专职主席、副主席或者委员自任职之日起，其尚未履行的劳动合同期限短于任期的，劳动合同期限自动延长至任期期满。任职期间个人严重过失或者达到法定退休年龄的除外。

第二十九条 新任企业工会主席、副主席，应在一年内参加上级工会举办的上岗资格或业务培训。

第五章 工作机制和制度

第三十条 帮助和指导职工签订劳动合同。代表职工与企业协商确定劳动合同文本的主要内容和条件，为职工签订劳动合同提供法律、技术等方面的咨询和服务。监督企业与所有职工签订劳动合同。

工会对企业违反法律法规和有关合同规定解除职工劳动合同的，应提出意见并要求企业将处理结果书面通知工会。工会应对企业经济性裁员事先提出同意或否决的意见。

监督企业和引导职工严格履行劳动合同，依法督促企业纠正违反劳动合同的行为。

第三十一条 依法与企业进行平等协商,签订集体合同和劳动报酬、劳动安全卫生、女职工特殊权益保护等专项集体合同。

工会应将劳动报酬、工作时间、劳动定额、保险福利、劳动安全卫生等问题作为协商重点内容。

工会依照民主程序选派职工协商代表,可依法委托本企业以外的专业人士作为职工协商代表,但不得超过本方协商代表总数的三分之一。

小型企业集中的地方,可由上一级工会直接代表职工与相应的企业组织或企业进行平等协商,签订区域性、行业性集体合同或专项集体合同。

劳务派遣工集中的企业,工会可与企业、劳务公司共同协商签订集体合同。

第三十二条 工会发出集体协商书面要约二十日内,企业不予回应的,工会可要求上级工会协调;企业无正当理由拒绝集体协商的,工会可提请县级以上人民政府责令改正,依法处理;企业违反集体合同规定的,工会可依法要求企业承担责任。

第三十三条 企业工会是职工代表大会或职工大会的工作机构,负责职工代表大会或职工大会的日常工作。

职工代表大会的代表经职工民主选举产生。职工代表大会中的一线职工代表一般不少于职工代表总数的百分之五十。女职工、少数民族职工代表应占相应比例。

第三十四条 国有企业、国有控股企业职工代表大会或职工大会的职权:

(一)听取审议企业生产经营、安全生产、重组改制等重大决策以及实行厂务公开、履行集体合同情况报告,提出意见和建议。

(二)审议通过集体合同草案、企业改制职工安置方案。审查同意或否决涉及职工切身利益的重要事项和企业规章制度。

（三）审议决定职工生活福利方面的重大事项。

（四）民主评议监督企业中层以上管理人员，提出奖惩任免建议。

（五）依法行使选举权。

（六）法律法规规定的其他权利。

集体（股份合作制）企业职工代表大会或职工大会的职权：

（一）制定、修改企业章程。

（二）选举、罢免企业经营管理人员。

（三）审议决定经营管理以及企业合并、分立、变更、破产等重大事项。

（四）监督企业贯彻执行国家有关劳动安全卫生等法律法规、实行厂务公开、执行职代会决议等情况。

（五）审议决定有关职工福利的重大事项。

私营企业、外商投资企业和港澳台商投资企业职工代表大会或职工大会的职权：

（一）听取企业发展规划和年度计划、生产经营等方面的报告，提出意见和建议。

（二）审议通过涉及职工切身利益重大问题的方案和企业重要规章制度、集体合同草案等。

（三）监督企业贯彻执行国家有关劳动安全卫生等法律法规、实行厂务公开、履行集体合同和执行职代会决议、缴纳职工社会保险、处分和辞退职工的情况。

（四）法律法规、政策和企业规章制度规定及企业授权和集体协商议定的其他权利。

第三十五条　职工代表大会或职工大会应有全体职工代表或全体职工三分之二以上参加方可召开。职工代表大会或职工大会进行选举和作出重要决议、决定，须采用无记名投票方式进行表决，经全体职工代表或全体职工过半数通过。

小型企业工会可联合建立区域或行业职工代表大会，解决本区域或行业涉及职工利益的共性问题。

公司制企业不得以股东（代表）大会取代职工（代表）大会。

第三十六条 督促企业建立和规范厂务公开制度。

第三十七条 凡设立董事会、监事会的公司制企业，工会应依法督促企业建立职工董事、职工监事制度。

职工董事、职工监事人选由企业工会提名，通过职工代表大会或职工大会民主选举产生，对职工代表大会或职工大会负责。企业工会主席、副主席一般应分别作为职工董事、职工监事的候选人。

第三十八条 建立劳动法律监督委员会，职工人数较少的企业应设立工会劳动法律监督员，对企业执行有关劳动报酬、劳动安全卫生、工作时间、休息休假、女职工和未成年工保护、保险福利等劳动法律法规情况进行群众监督。

第三十九条 建立劳动保护监督检查委员会，生产班组中设立工会小组劳动保护检查员。建立完善工会监督检查、重大事故隐患和职业危害建档跟踪、群众举报等制度，建立工会劳动保护工作责任制。依法参加职工因工伤亡事故和其他严重危害职工健康问题的调查处理。协助与督促企业落实法律赋予工会与职工安全生产方面的知情权、参与权、监督权和紧急避险权。开展群众性安全生产活动。

依照国家法律法规对企业新建、扩建和技术改造工程中的劳动条件和安全卫生设施与主体工程同时设计、同时施工、同时使用进行监督。

发现企业违章指挥、强令工人冒险作业，或者生产过程中发现明显重大事故隐患和职业危害，工会应提出解决的建议；发现危及职工生命安全的情况，工会有权组织职工撤离危险现场。

第四十条　依法建立企业劳动争议调解委员会，劳动争议调解委员会由职工代表、企业代表和工会代表组成，办事机构设在企业工会。职工代表和工会代表的人数不得少于调解委员会成员总数的三分之二。

建立劳动争议预警机制，发挥劳动争议调解组织的预防功能，设立建立企业劳动争议信息员制度，做好劳动争议预测、预报、预防工作。

企业发生停工、怠工事件，工会应当积极同企业或者有关方面协商，反映职工的意见和要求并提出解决意见，协助企业做好工作，尽快恢复生产、工作秩序。

第四十一条　开展困难职工生活扶助、医疗救助、子女就学和职工互助互济等工作。有条件的企业工会建立困难职工帮扶资金。

第六章　女职工工作

第四十二条　企业工会有女会员十名以上的，应建立工会女职工委员会，不足十名的应设女职工委员。

女职工委员会在企业工会委员会领导和上一级工会女职工委员会指导下开展工作。

女职工委员会主任由企业工会女主席或副主席担任。企业工会没有女主席或副主席的，由符合相应条件的工会女职工委员担任，享受同级工会副主席待遇。

女职工委员会委员任期与同级工会委员会委员相同。

第四十三条　女职工委员会依法维护女职工的合法权益，重点是女职工经期、孕期、产期、哺乳期保护，禁忌劳动、卫生保健、生育保险等特殊利益。

第四十四条　女职工委员会定期研究涉及女职工特殊权益问题，向企业工会委员会和上级女职工委员会报告工作，重要问题应提交企业职工代表大会或职工大会审议。

第四十五条　企业工会应为女职工委员会开展工作与活动提供必要的经费。

第七章　工会经费和资产

第四十六条　督促企业依法按每月全部职工工资总额的百分之二向工会拨缴经费、提供工会办公和开展活动的必要设施和场所等物质条件。

第四十七条　工会依法设立独立银行账户，自主管理和使用工会经费、会费。工会经费、会费主要用于为职工服务和工会活动。

第四十八条　督促企业按国家有关规定支付工会会同企业开展的职工教育培训、劳动保护、劳动竞赛、技术创新、职工疗休养、困难职工补助、企业文化建设等工作所需费用。

第四十九条　工会经费审查委员会代表会员群众对工会经费收支和财产管理进行审查监督。

建立经费预算、决算和经费审查监督制度，经费收支情况接受同级工会经费审查委员会审查，接受上级工会审计，并定期向会员大会或会员代表大会报告。

第五十条　企业工会经费、财产和企业拨给工会使用的不动产受法律保护，任何单位和个人不得侵占、挪用和任意调拨。

企业工会组织合并，其经费财产归合并后的工会所有；工会组织撤销或解散，其经费财产由上级工会处置。

第八章　工会与企业党组织、行政和上级工会

第五十一条　企业工会接受同级党组织和上级工会双重领导，

以同级党组织领导为主。未建立党组织的企业，其工会由上一级工会领导。

第五十二条 企业工会与企业行政具有平等的法律地位，相互尊重、相互支持、平等合作，共谋企业发展。

企业工会与企业可以通过联席会、民主议事会、民主协商会、劳资恳谈会等形式，建立协商沟通制度。

第五十三条 企业工会支持企业依法行使经营管理权，动员和组织职工完成生产经营任务。

督促企业按照有关规定，按职工工资总额的百分之一点五至百分之二点五、百分之一分别提取职工教育培训费用和劳动竞赛奖励经费，并严格管理和使用。

第五十四条 企业行政应依法支持工会履行职责，为工会开展工作创造必要条件。

第五十五条 上级工会负有对企业工会指导和服务的职责，为企业工会开展工作提供法律、政策、信息、培训和会员优惠等方面的服务，帮助企业工会协调解决工作中的困难和问题。

企业工会在履行职责遇到困难时，可请上级工会代行企业工会维权职责。

第五十六条 县以上地方工会设立保护工会干部专项经费，为维护企业工会干部合法权益提供保障。经费来源从本级工会经费中列支，也可以通过其它渠道多方筹集。

建立上级工会保护企业工会干部责任制。对因履行职责受到打击报复或不公正待遇以及有特殊困难的企业工会干部，上级工会应提供保护和帮助。

上级工会与企业工会、企业行政协商，可对企业工会兼职干部给予适当补贴。

第五十七条 上级工会应建立对企业工会干部的考核、激励机制，对依法履行职责作出突出贡献的工会干部给予表彰奖励。

工会主席、副主席不履行职责，上级工会应责令其改正；情节严重的可以提出罢免的建议，按照有关规定予以罢免。

第九章 附 则

第五十八条 本条例适用于中华人民共和国境内所有企业和实行企业化管理的事业单位工会。

第五十九条 本条例由中华全国总工会解释。

第六十条 本条例自公布之日起施行。

工会基层组织选举工作条例

（2016年10月9日 总工发〔2016〕27号）

第一章 总 则

第一条 为规范工会基层组织选举工作，加强基层工会建设，发挥基层工会作用，根据《中华人民共和国工会法》《中国工会章程》等有关规定，制定本条例。

第二条 本条例适用于企业、事业单位、机关和其他社会组织单独或联合建立的基层工会委员会。

第三条 基层工会委员会由会员大会或会员代表大会选举产生。工会委员会的主席、副主席，可以由会员大会或会员代表大会直接选举产生，也可以由工会委员会选举产生。

第四条 工会会员享有选举权、被选举权和表决权。保留会籍的人员除外。

第五条 选举工作应坚持党的领导，坚持民主集中制，遵循依法规范、公开公正的原则，尊重和保障会员的民主权利，体现选举人的意志。

第六条 选举工作在同级党组织和上一级工会领导下进行。未建立党组织的在上一级工会领导下进行。

第七条 基层工会委员会换届选举的筹备工作由上届工会委员会负责。

新建立的基层工会组织选举筹备工作由工会筹备组负责。筹备组成员由同级党组织代表和职工代表组成，根据工作需要，上级工会可以派人参加。

第二章　委员和常务委员名额

第八条 基层工会委员会委员名额，按会员人数确定：

不足25人，设委员3至5人，也可以设主席或组织员1人；

25人至200人，设委员3至7人；

201人至1000人，设委员7至15人；

1001人至5000人，设委员15至21人；

5001人至10000人，设委员21至29人；

10001人至50000人，设委员29至37人；

50001人以上，设委员37至45人。

第九条 大型企事业单位基层工会委员会，经上一级工会批准，可以设常务委员会，常务委员会由9至11人组成。

第三章　候选人的提出

第十条 基层工会委员会的委员、常务委员会委员和主席、副主席的选举均应设候选人。候选人应信念坚定、为民服务、勤政务实、敢于担当、清正廉洁，热爱工会工作，受到职工信赖。

基层工会委员会委员候选人中应有适当比例的劳模（先进工作者）、一线职工和女职工代表。

第十一条　单位行政主要负责人、法定代表人、合伙人以及他们的近亲属不得作为本单位工会委员会委员、常务委员会委员和主席、副主席候选人。

第十二条　基层工会委员会的委员候选人，应经会员充分酝酿讨论，一般以工会分会或工会小组为单位推荐。由上届工会委员会或工会筹备组根据多数工会分会或工会小组的意见，提出候选人建议名单，报经同级党组织和上一级工会审查同意后，提交会员大会或会员代表大会表决通过。

第十三条　基层工会委员会的常务委员会委员、主席、副主席候选人，可以由上届工会委员会或工会筹备组根据多数工会分会或工会小组的意见提出建议名单，报经同级党组织和上一级工会审查同意后提出；也可以由同级党组织与上一级工会协商提出建议名单，经工会分会或工会小组酝酿讨论后，由上届工会委员会或工会筹备组根据多数工会分会或工会小组的意见，报经同级党组织和上一级工会审查同意后提出。

根据工作需要，经上一级工会与基层工会和同级党组织协商同意，上一级工会可以向基层工会推荐本单位以外人员作为工会主席、副主席候选人。

第十四条　基层工会委员会的主席、副主席，在任职一年内应按规定参加岗位任职资格培训。凡无正当理由未按规定参加岗位任职资格培训的，一般不再提名为下届主席、副主席候选人。

第四章　选举的实施

第十五条　基层工会组织实施选举前应向同级党组织和上一级工会报告，制定选举工作方案和选举办法。

基层工会委员会委员候选人建议名单应进行公示，公示期不少于5个工作日。

第十六条 会员不足 100 人的基层工会组织，应召开会员大会进行选举；会员 100 人以上的基层工会组织，应召开会员大会或会员代表大会进行选举。

召开会员代表大会进行选举的，按照有关规定由会员民主选举产生会员代表。

第十七条 参加选举的人数为应到会人数的三分之二以上时，方可进行选举。

基层工会委员会委员和常务委员会委员应差额选举产生，可以直接采用候选人数多于应选人数的差额选举办法进行正式选举，也可以先采用差额选举办法进行预选产生候选人名单，然后进行正式选举。委员会委员和常务委员会委员的差额率分别不低于 5% 和 10%。常务委员会委员应从新当选的工会委员会委员中产生。

第十八条 基层工会主席、副主席可以等额选举产生，也可以差额选举产生。主席、副主席应从新当选的工会委员会委员中产生，设立常务委员会的应从新当选的常务委员会委员中产生。

第十九条 基层工会主席、副主席由会员大会或会员代表大会直接选举产生的，一般在经营管理正常、劳动关系和谐、职工队伍稳定的中小企事业单位进行。

第二十条 召开会员大会进行选举时，由上届工会委员会或工会筹备组主持；不设委员会的基层工会组织进行选举时，由上届工会主席或组织员主持。

召开会员代表大会进行选举时，可以由大会主席团主持，也可以由上届工会委员会或工会筹备组主持。大会主席团成员由上届工会委员会或工会筹备组根据各代表团（组）的意见，提出建议名单，提交代表大会预备会议表决通过。

召开基层工会委员会第一次全体会议选举常务委员会委员、主席、副主席时，由上届工会委员会或工会筹备组或大会主席团推荐一名新当选的工会委员会委员主持。

第二十一条 选举前,上届工会委员会或工会筹备组或大会主席团应将候选人的名单、简历及有关情况向选举人介绍。

第二十二条 选举设监票人,负责对选举全过程进行监督。

召开会员大会或会员代表大会选举时,监票人由全体会员或会员代表、各代表团(组)从不是候选人的会员或会员代表中推选,经会员大会或会员代表大会表决通过。

召开工会委员会第一次全体会议选举时,监票人从不是常务委员会委员、主席、副主席候选人的委员中推选,经全体委员会议表决通过。

第二十三条 选举采用无记名投票方式。不能出席会议的选举人,不得委托他人代为投票。

选票上候选人的名单按姓氏笔画为序排列。

第二十四条 选举人可以投赞成票或不赞成票,也可以投弃权票。投不赞成票者可以另选他人。

第二十五条 会员或会员代表在选举期间,如不能离开生产、工作岗位,在监票人的监督下,可以在选举单位设立的流动票箱投票。

第二十六条 投票结束后,在监票人的监督下,当场清点选票,进行计票。

选举收回的选票,等于或少于发出选票的,选举有效;多于发出选票的,选举无效,应重新选举。

每张选票所选人数等于或少于规定应选人数的为有效票,多于规定应选人数的为无效票。

第二十七条 被选举人获得应到会人数的过半数赞成票时,始得当选。

获得过半数赞成票的被选举人人数超过应选名额时,得赞成票多的当选。如遇赞成票数相等不能确定当选人时，应就票数相等的被选举人再次投票，得赞成票多的当选。

当选人数少于应选名额时，对不足的名额可以另行选举。如果接近应选名额且符合第八条规定，也可以由大会征得多数会员或会员代表的同意减少名额，不再进行选举。

第二十八条 大会主持人应当场宣布选举结果及选举是否有效。

第二十九条 基层工会委员会、常务委员会和主席、副主席的选举结果，报上一级工会批准。上一级工会自接到报告15日内应予批复。违反规定程序选举的，上一级工会不得批准，应重新选举。

基层工会委员会的任期自选举之日起计算。

第五章 任期、调动、罢免和补选

第三十条 基层工会委员会每届任期三年或五年，具体任期由会员大会或会员代表大会决定。经选举产生的工会委员会委员、常务委员会委员和主席、副主席可连选连任。基层工会委员会任期届满，应按期换届选举。遇有特殊情况，经上一级工会批准，可以提前或延期换届，延期时间一般不超过半年。

上一级工会负责督促指导基层工会组织按期换届。

第三十一条 基层工会主席、副主席任期未满时，不得随意调动其工作。因工作需要调动时，应征得本级工会委员会和上一级工会的同意。

第三十二条 经会员大会或会员代表大会民主测评和上级工会与同级党组织考察，需撤换或罢免工会委员会委员、常务委员会委员和主席、副主席时，须依法召开会员大会或会员代表大会讨论，非经会员大会全体会员或会员代表大会全体代表无记名投票过半数通过，不得撤换或罢免。

第三十三条 基层工会主席因工作调动或其他原因空缺时，应及时按照相应民主程序进行补选。

补选主席，如候选人是委员的，可以由工会委员会选举产生，也可以由会员大会或会员代表大会选举产生；如候选人不是委员的，可以经会员大会或会员代表大会补选为委员后，由工会委员会选举产生，也可以由会员大会或会员代表大会选举产生。

补选主席的任期为本届工会委员会尚未履行的期限。

补选主席前征得同级党组织和上一级工会的同意，可暂由一名副主席或委员主持工作，期限一般不超过半年。

第六章 经费审查委员会

第三十四条 凡建立一级工会财务管理的基层工会组织，应在选举基层工会委员会的同时，选举产生经费审查委员会。

第三十五条 基层工会经费审查委员会委员名额一般3至11人。经费审查委员会设主任1人，可根据工作需要设副主任1人。

基层工会的主席、分管财务和资产的副主席、财务和资产管理部门的人员，不得担任同级工会经费审查委员会委员。

第三十六条 基层工会经费审查委员会由会员大会或会员代表大会选举产生。主任、副主任可以由经费审查委员会全体会议选举产生，也可以由会员大会或会员代表大会选举产生。

第三十七条 基层工会经费审查委员会的选举结果，与基层工会委员会选举结果同时报上一级工会批准。

基层工会经费审查委员会的任期与基层工会委员会相同。

第七章 女职工委员会

第三十八条 基层工会组织有女会员10人以上的建立女职工

委员会，不足 10 人的设女职工委员。女职工委员会与基层工会委员会同时建立。

第三十九条 基层工会女职工委员会委员由同级工会委员会提名，在充分协商的基础上产生，也可召开女职工大会或女职工代表大会选举产生。

第四十条 基层工会女职工委员会主任由同级工会女主席或女副主席担任，也可经民主协商，按照相应条件配备女职工委员会主任。女职工委员会主任应提名为同级工会委员会或常务委员会委员候选人。基层工会女职工委员会主任、副主任名单，与工会委员会选举结果同时报上一级工会批准。

第八章 附 则

第四十一条 乡镇（街道）、开发区（工业园区）、村（社区）建立的工会委员会，县级以下建立的区域（行业）工会联合会如进行选举的，参照本条例执行。

第四十二条 本条例由中华全国总工会负责解释。

第四十三条 本条例自发布之日起施行，以往有关规定与本条例不一致的，以本条例为准。1992 年 5 月 18 日全国总工会办公厅印发的《工会基层组织选举工作暂行条例》同时废止。

基层工会会员代表大会条例

（2019 年 1 月 15 日　总工发〔2019〕6 号）

第一章 总 则

第一条 为完善基层工会会员代表大会制度，推进基层工会民主化、规范化、法治化建设，增强基层工会政治性、先进性、群众性，激发基层工会活力，发挥基层工会作用，根据《中华人民共和国工会法》《中国工会章程》等有关规定，制定本条例。

第二条 本条例适用于企业、事业单位、机关、社会团体和其他社会组织单独或联合建立的基层工会组织。

乡镇（街道）、开发区（工业园区）、村（社区）建立的工会委员会，县级以下建立的区域（行业）工会联合会，如召开会员代表大会的，依照本条例执行。

第三条 会员不足100人的基层工会组织，应召开会员大会；会员100人以上的基层工会组织，应召开会员大会或会员代表大会。

第四条 会员代表大会是基层工会的最高领导机构，讨论决定基层工会重大事项，选举基层工会领导机构，并对其进行监督。

第五条 会员代表大会实行届期制，每届任期三年或五年，具体任期由会员代表大会决定。会员代表大会任期届满，应按期换届。遇有特殊情况，经上一级工会批准，可以提前或延期换届，延期时间一般不超过半年。

会员代表大会每年至少召开一次，经基层工会委员会、三分之一以上的会员或三分之一以上的会员代表提议，可以临时召开会员代表大会。

第六条 会员代表大会应坚持党的领导，坚持民主集中制，坚持依法规范，坚持公开公正，切实保障会员的知情权、参与权、选举权、监督权。

第七条 基层工会召开会员代表大会应向同级党组织和上一级工会报告。换届选举、补选、罢免基层工会委员会组成人员的，应向同级党组织和上一级工会书面报告。

上一级工会对下一级工会召开会员代表大会进行指导和监督。

第二章 会员代表大会的组成和职权

第八条 会员代表的组成应以一线职工为主,体现广泛性和代表性。中层正职以上管理人员和领导人员一般不得超过会员代表总数的20%。女职工、青年职工、劳动模范(先进工作者)等会员代表应占一定比例。

第九条 会员代表名额,按会员人数确定:

会员100至200人的,设代表30至40人;

会员201至1000人的,设代表40至60人;

会员1001至5000人的,设代表60至90人;

会员5001至10000人的,设代表90至130人;

会员10001至50000人的,设代表130至180人;

会员50001人以上的,设代表180至240人。

第十条 会员代表的选举和会议筹备工作由基层工会委员会负责,新成立基层工会的由工会筹备组负责。

第十一条 会员代表大会根据需要,可以设立专门工作委员会(小组),负责办理会员代表大会交办的具体事项。

第十二条 会员代表大会的职权是:

(一)审议和批准基层工会委员会的工作报告;

(二)审议和批准基层工会委员会经费收支预算决算情况报告、经费审查委员会工作报告;

(三)开展会员评家,评议基层工会开展工作、建设职工之家情况,评议基层工会主席、副主席履行职责情况;

(四)选举和补选基层工会委员会和经费审查委员会组成人员;

(五)选举和补选出席上一级工会代表大会的代表;

(六)罢免其所选举的代表、基层工会委员会组成人员;

（七）讨论决定基层工会其他重大事项。

第三章 会 员 代 表

第十三条 会员代表应由会员民主选举产生，不得指定会员代表。劳务派遣工会员民主权利的行使，如用人单位工会与用工单位工会有约定的，依照约定执行；如没有约定或约定不明确的，在劳务派遣工会员会籍所在工会行使。

第十四条 会员代表应具备以下条件：

（一）工会会员，遵守工会章程，按期缴纳会费；

（二）拥护党的领导，有较强的政治觉悟；

（三）在生产、工作中起骨干作用，有议事能力；

（四）热爱工会工作，密切联系职工群众，热心为职工群众说话办事；

（五）在职工群众中有一定的威信，受到职工群众信赖。

第十五条 会员代表的选举，一般以下一级工会或工会小组为选举单位进行，两个以上会员人数较少的下一级工会或工会小组可作为一个选举单位。

会员代表由选举单位会员大会选举产生。规模较大、管理层级较多的单位，会员代表可由下一级会员代表大会选举产生。

第十六条 选举单位按照基层工会确定的代表候选人名额和条件，组织会员讨论提出会员代表候选人，召开有三分之二以上会员或会员代表参加的大会，采取无记名投票方式差额选举产生会员代表，差额率不低于15%。

第十七条 会员代表候选人，获得选举单位全体会员过半数赞成票时，方能当选；由下一级会员代表大会选举时，其代表候选人获得应到会代表人数过半数赞成票时，方能当选。

第十八条 会员代表选出后，应由基层工会委员会或工会筹备组,对会员代表人数及人员结构进行审核,并对会员代表进行资格审查。

符合条件的会员代表人数少于原定代表人数的,可以把剩余的名额再分配,进行补选,也可以在符合规定人数情况下减少代表名额。

第十九条 会员代表实行常任制,任期与会员代表大会届期一致,会员代表可以连选连任。

第二十条 会员代表的职责是:

(一)带头执行党的路线、方针、政策,自觉遵守国家法律法规和本单位的规章制度,努力完成生产、工作任务;

(二)在广泛听取会员意见和建议的基础上,向会员代表大会提出提案;

(三)参加会员代表大会,听取基层工会委员会和经费审查委员会的工作报告,讨论和审议代表大会的各项议题,提出审议意见和建议;

(四)对基层工会委员会及代表大会各专门委员会(小组)的工作进行评议,提出批评、建议;对基层工会主席、副主席进行民主评议和民主测评,提出奖惩和任免建议;

(五)保持与选举单位会员群众的密切联系,热心为会员说话办事,积极为做好工会各项工作献计献策;

(六)积极宣传贯彻会员代表大会的决议精神,对工会委员会落实会员代表大会决议情况进行监督检查,团结和带动会员群众完成会员代表大会提出的各项任务。

第二十一条 选举单位可单独或联合组成代表团(组),推选团(组)长。团(组)长根据会员代表大会议程,组织会员代表参加大会各项活动;在会员代表大会闭会期间,按照基层工会的安排,组织会员代表开展日常工作。

第二十二条 基层工会讨论决定重要事项,可事先召开代表团(组)长会议征求意见,也可根据需要,邀请代表团(组)长列席会议。

第二十三条 基层工会应建立会员代表调研、督查等工作制度,充分发挥会员代表作用。

第二十四条 会员代表在法定工作时间内依法参加会员代表大会及工会组织的各项活动,单位应当正常支付劳动报酬,不得降低其工资和其他福利待遇。

第二十五条 有下列情形之一的,会员代表身份自然终止:

(一)在任期内工作岗位跨选举单位变动的;

(二)与用人单位解除、终止劳动(工作)关系的;

(三)停薪留职、长期病事假、内退、外派超过一年,不能履行会员代表职责的。

第二十六条 会员代表对选举单位会员负责,接受选举单位会员的监督。

第二十七条 会员代表有下列情形之一的,可以罢免:

(一)不履行会员代表职责的;

(二)严重违反劳动纪律或单位规章制度,对单位利益造成严重损害的;

(三)被依法追究刑事责任的;

(四)其他需要罢免的情形。

第二十八条 选举单位工会或三分之一以上会员或会员代表有权提出罢免会员代表。

会员或会员代表联名提出罢免的,选举单位工会应及时召开会员代表大会进行表决。

第二十九条 罢免会员代表,应经过选举单位全体会员过半数通过;由会员代表大会选举产生的代表,应经过会员代表大会应到会代表的过半数通过。

第三十条　会员代表出现缺额，原选举单位应及时补选。缺额超过会员代表总数四分之一时，应在三个月内进行补选。补选会员代表应依照选举会员代表的程序，进行差额选举，差额率应按照第十六条规定执行。补选的会员代表应报基层工会委员会进行资格审查。

第四章　会员代表大会的召开

第三十一条　每届会员代表大会第一次会议召开前，应将会员代表大会的组织机构、会员代表的构成、会员代表大会主要议程等重要事项，向同级党组织和上一级工会书面报告。上一级工会接到报告后应于15日内批复。

第三十二条　每届会员代表大会第一次会议召开前，基层工会委员会或工会筹备组应对会员代表进行专门培训，培训内容应包括工会基本知识、会员代表大会的性质和职能、会员代表的权利和义务、大会选举办法等。

第三十三条　会员代表全部选举产生后，应在一个月内召开本届会员代表大会第一次会议。

第三十四条　会员代表大会召开前，会员代表应充分听取会员意见建议，积极提出与会员切身利益和工会工作密切相关的提案，经基层工会委员会或工会筹备组审查后，决定是否列入大会议程。

第三十五条　召开会员代表大会，应提前5个工作日将会议日期、议程和提交会议讨论的事项通知会员代表。

第三十六条　每届会员代表大会第一次会议召开前，可举行预备会议，听取会议筹备情况的报告，审议通过关于会员代表资格审查情况的报告，讨论通过选举办法，通过大会议程和其他有关事项。

第三十七条　召开会员代表大会时,未当选会员代表的经费审查委员会委员、女职工委员会委员应列席会议,也可以邀请有关方面的负责人或代表列席会议。

可以邀请获得荣誉称号的人员、曾经作出突出贡献的人员作为特邀代表参加会议。

列席人员和特邀代表仅限本次会议,可以参加分组讨论,不承担具体工作,不享有选举权、表决权。

第三十八条　基层工会委员会、经费审查委员会及女职工委员会的选举工作,依照《工会基层组织选举工作条例》规定执行。

第三十九条　会员代表大会应每年对基层工会开展工作、建设职工之家和工会主席、副主席履行职责等情况进行民主评议,在民主评议的基础上,以无记名投票方式进行测评,测评分为满意、基本满意、不满意三个等次。测评结果应及时公开,并书面报告同级党组织和上一级工会。

基层工会主席、副主席测评办法应由会员代表大会表决通过,并报上一级工会备案。

第四十条　基层工会主席、副主席,具有下列情形之一的,可以罢免:

（一）连续两年测评等次为不满意的;

（二）任职期间个人有严重过失的;

（三）被依法追究刑事责任的;

（四）其他需要罢免的情形。

基层工会委员会委员具有上述（二）（三）（四）项情形的,可以罢免。

第四十一条　本届工会委员会、三分之一以上的会员或会员代表可以提议罢免主席、副主席和委员。

罢免主席、副主席和委员的，应经同级党组织和上一级工会进行考察，未建立党组织的，由上一级工会考察。经考察，如确认其不能再担任现任职务时，应依法召开会员代表大会进行无记名投票表决，应参会人员过半数通过的，罢免有效，并报上一级工会批准。

第四十二条 规模较大、人数众多、工作地点分散、工作时间不一致，会员代表难以集中的基层工会，可以通过电视电话会议、网络视频会议等方式召开会员代表大会。不涉及无记名投票的事项，可以通过网络进行表决，如进行无记名投票的，可在分会场设立票箱，在规定时间内统一投票、统一计票。

第四十三条 会员代表大会与职工代表大会应分别召开，不得互相代替。如在同一时间段召开的，应分别设置会标、分别设定会议议程、分别行使职权、分别作出决议、分别建立档案。

第四十四条 会员代表大会通过的决议、重要事项和选举结果等应当形成书面文件，并及时向会员公开。

第五章 附 则

第四十五条 除会员代表的特别规定外，召开会员大会依照本条例相关规定执行。

第四十六条 本条例由中华全国总工会负责解释。

第四十七条 本条例自发布之日起施行，以往有关规定与本条例不一致的，以本条例为准。1992年4月14日中华全国总工会办公厅印发的《关于基层工会会员代表大会代表实行常任制的若干暂行规定》同时废止。

三、组织经费规定

基层工会法人登记管理办法

（2020年12月8日　总工办发〔2020〕20号）

第一章　总　　则

第一条　为规范基层工会法人登记管理工作，依法确立基层工会民事主体地位，根据《中华人民共和国民法典》、《中华人民共和国工会法》及《中国工会章程》等有关规定，制定本办法。

第二条　我国境内的企业、事业单位、机关和其他社会组织等基层单位单独或联合建立的工会组织，区域性、行业性工会联合会，开发区（工业园区）工会，乡镇（街道）工会，村（社区）工会等工会组织（以下简称基层工会）申请取得、变更、注销法人资格，适用本办法。

第三条　基层工会按照本办法规定经审查登记，领取赋有统一社会信用代码的《工会法人资格证书》，取得法人资格，依法独立享有民事权利，承担民事义务。

第四条　各级工会应当依照规定的权限、范围、条件和程序，遵循依法依规、公开公正、便捷高效、科学管理的原则，做好基层工会法人登记管理工作。

第五条　省、自治区、直辖市总工会，设区的市和自治州总工会，县（旗）、自治县、不设区的市总工会（以下简称县以上各级地方总工会）应当为工会法人登记管理工作提供必要保障，所需费用从本级工会经费列支。具备条件的,可以专人负责工会法人登记管理工作。

开展工会法人登记管理工作,不得向基层工会收取费用。

第二章 登记管理机关

第六条 中华全国总工会和县以上各级地方总工会为基层工会法人登记管理机关。

登记管理机关相关部门之间应加强沟通,信息共享,协调配合做好工会法人登记管理工作。

第七条 基层工会法人登记按照属地原则,根据工会组织关系、经费收缴关系,实行分级管理:

(一)基层工会组织关系隶属于地方工会的,或与地方工会建立经费收缴关系的,由基层工会组织关系隶属地或经费关系隶属地相应的省级、市级或县级地方总工会负责登记管理;

(二)基层工会组织关系隶属于铁路、金融、民航等产业工会的,由其所在地省级总工会登记管理或授权市级总工会登记管理;

(三)中央和国家机关工会联合会所属各基层工会、在京的中央企业(集团)工会由中华全国总工会授权北京市总工会登记管理;京外中央企业(集团)工会由其所在地省级总工会登记管理或授权市级总工会登记管理。

登记管理机关之间因登记管理权限划分发生争议,由争议双方协商解决;协商解决不了的,由双方共同的上级工会研究确定。

第八条 登记管理机关应当制备工会法人登记专用章,专门用于基层工会法人登记工作,其规格和式样由中华全国总工会制定。

第九条 登记管理机关应当建立法人登记档案管理制度。

中华全国总工会建立统一的全国工会法人登记管理系统,登记管理机关实行网络化登记管理。

第三章　申 请 登 记

第十条　基层工会申请法人资格登记，应当具备以下条件：

（一）依照《中华人民共和国工会法》和《中国工会章程》的规定成立；

（二）有自己的名称、组织机构和住所；

（三）工会经费来源有保障。

基层工会取得法人资格，不以所在单位是否具备法人资格为前提条件。

第十一条　凡具备本办法规定条件的基层工会，应当于成立之日起六十日内，向登记管理机关申请工会法人资格登记。

第十二条　基层工会申请工会法人资格登记，应当向登记管理机关提交下列材料：

（一）工会法人资格登记申请表；

（二）上级工会的正式批复文件；

（三）其他需要提交的证明、文件。

第十三条　登记管理机关自受理登记申请之日起十五日内完成对有关申请文件的审查。审查合格的，颁发《工会法人资格证书》，赋予统一社会信用代码；申请文件不齐备的，应及时通知基层工会补充相关文件，申请时间从文件齐备时起算；审查不合格，决定不予登记的，应当书面说明不予登记的理由。

第十四条　《工会法人资格证书》应标注工会法人统一社会信用代码和证书编码。

工会法人统一社会信用代码按照统一社会信用代码编码规则编定。其中第一位为登记管理部门代码，以数字"8"标识；第二位为组织机构类别代码，以数字"1"或"9"标识，为基层工会赋码时选用"1",为其他类别工会赋码时选用"9"。

第十五条 基层工会登记工会法人名称,应当为上一级工会批准的工会组织的全称。一般由所在单位成立时登记的名称(区域性、行业性工会联合会应冠以区域、行业名称),缀以"工会委员会"、"联合工会委员会"、"工会联合会"等组成。

基层工会的名称具有唯一性,其他基层工会申请取得法人资格时不得重复使用。

第十六条 基层工会具备法人条件的,依法取得法人资格,工会主席为法定代表人。

第十七条 因合并、分立而新设立的基层工会,应当重新申请工会法人资格登记。

第四章 变更登记

第十八条 取得工会法人资格的基层工会变更名称、住所、法定代表人等事项的,应当自变更之日起三十日内,向登记管理机关申请变更登记,并提交工会法人变更登记申请表和相关文件。

登记管理机关自受理变更登记申请之日起十五日内,换发《工会法人资格证书》,收回原证书。

第十九条 基层工会法人跨原登记管理机关辖区变更组织关系、经费收缴关系或住所的,由原登记管理机关办理登记管理权限变更手续,并按本办法确立的原则,将该基层工会法人登记管理关系转移到变更后的登记管理机关。

第二十条 取得工会法人资格的基层工会,合并、分立后存续,但原登记事项发生变化的,应当申请变更登记。

第二十一条 未经变更登记,任何组织和个人不得擅自改变工会法人资格登记事项。

第五章　注销登记

第二十二条　取得工会法人资格的基层工会经会员大会或会员代表大会通过并报上一级工会批准撤销的，或因所在单位终止、撤销等原因相应撤销的，应当自撤销之日起三十日内，向登记管理机关申请注销登记，并提交工会法人注销登记申请表、上级工会同意撤销的文件或向上级工会备案撤销的文件，以及该基层工会经费、资产清理及债权债务完结的证明等材料。

登记管理机关自受理注销登记申请之日起十五日内完成审查登记，收回《工会法人资格证书》。

第二十三条　取得工会法人资格的基层工会，因合并、分立而解散的，应当申请注销登记。

第六章　信息公告和证书管理

第二十四条　基层工会取得、变更、注销工会法人资格的，登记管理机关应当依法及时在报刊或网络上发布有关信息。

第二十五条　《工会法人资格证书》是基层工会法人资格的唯一合法凭证。未取得《工会法人资格证书》的基层工会，不得以工会法人名义开展活动。

《工会法人资格证书》及相关登记申请表样式由中华全国总工会统一制发。

第二十六条　《工会法人资格证书》的有效期为三年至五年，具体时间与工会的届期相同。

第二十七条　基层工会依法取得《工会法人资格证书》的，应当在证书有效期满前三十日内，向登记管理机关提交《工会法人资格证书》换领申请表和工会法人存续证明材料，经登记管理机关审查合格后换发新证，有效期重新计算。

第二十八条 《工会法人资格证书》不得涂改、抵押、转让和出借。《工会法人资格证书》遗失的，基层工会应当于一个月内在报刊或网络上发布公告，并向登记管理机关提交《工会法人资格证书》补领申请表、遗失公告和说明，申请补发新证。

第七章 监督管理

第二十九条 登记管理机关应当加强对基层工会法人资格登记工作的监督管理，基层工会应当接受并配合登记管理机关的监督管理。

上级工会应当加强对下级工会开展基层工会法人登记管理工作的指导和监督检查。

第三十条 不具备条件的基层工会组织或机构在申请登记时弄虚作假、骗取登记的，由登记管理机关予以撤销登记，收回《工会法人资格证书》和统一社会信用代码。

第三十一条 登记管理机关审查不严，或者滥用职权，造成严重后果的，依法依纪追究有关责任。

第八章 附 则

第三十二条 地方总工会等机构编制由机构编制部门负责管理的工会组织，由机构编制部门制发统一社会信用代码证书。

第三十三条 各级产业工会委员会申领《工会法人资格证书》，参照本办法执行。

第三十四条 县以上各级地方总工会派出的工会工作委员会、工会办事处等工会派出代表机关，工会会员不足二十五人仅选举组织员或者工会主席一人主持工作的基层工会，可以参照本办法规定申请取得统一社会信用代码证书。

第三十五条 各省、自治区、直辖市总工会可以根据本办法的规定，制定基层工会法人登记管理的具体实施细则，并报中华全国总工会备案。

第三十六条 本办法由中华全国总工会负责解释。

第三十七条 本办法自 2021 年 1 月 1 日起施行。2008 年 6 月 13 日中华全国总工会印发的《基层工会法人资格登记办法》同时废止。

附件：

1. 工会法人资格登记申请表（略）
2. 工会法人变更登记申请表（略）
3. 工会法人注销登记申请表（略）
4. 《工会法人资格证书》补（换）领申请表（略）
5. 工会统一社会信用代码申请表（略）
6. 工会法人资格证书样式（略）
7. 工会统一社会信用代码证书样式（略）

工会会计制度

（2021年4月14日　财会〔2021〕7号）

第一章　总　　则

第一条　为了规范工会会计行为，保证会计信息质量，根据《中华人民共和国会计法》（以下简称会计法）、《中华人民共和国工会法》（以下简称工会法）等法律法规，制定本制度。

第二条　本制度适用于各级工会，包括基层工会及县级以上（含县级，下同）工会。工会所属事业单位、工会所属企业及挂靠工会管理的社会团体，不适用本制度。

第三条　工会会计是核算、反映、监督工会预算执行和经济活动的专业会计。工会依法建立独立的会计核算管理体系，与工会预算管理体制相适应。

第四条　工会应当对其自身发生的经济业务或者事项进行会计处理和报告。

第五条　工会会计处理应当以工会的持续运行为前提。

第六条　工会会计处理应当划分会计期间，分期结算账目和编制会计报表。

会计期间至少分为年度和月度。会计年度、月度等会计期间的起讫日期采用公历日期。

第七条　工会会计处理应当以货币计量，以人民币作为记账本位币。

第八条　工会会计处理一般采用收付实现制，部分经济业务或者事项应当按照本制度的规定采用权责发生制。

第九条　工会会计要素包括：资产、负债、净资产、收入和支出。其平衡公式为：资产=负债+净资产。

第十条　工会会计处理应当采用借贷记账法记账。

第十一条　工会会计记录的文字应当使用中文。在民族自治地方，会计记录可以同时使用当地通用的一种民族文字。

第十二条　县级以上工会应当设置会计机构，配备专职会计人员。基层工会应当根据会计业务的需要设置会计机构或者在有关机构中设置会计人员并指定会计主管人员；不具备设置条件的，应当委托经批准设立从事代理记账业务的中介机构代理记账。

第十三条　各级工会的法定代表人应当对本级工会的会计工作以及会计资料的真实性、完整性负责。

第十四条　各级工会应当建立健全内部控制制度，并确保内部控制有效施行。县级以上工会应当组织指导和检查下级工会会计工作，负责制定有关实施细则；组织工会会计人员培训，不断提高政策、业务水平。

第十五条　工会应当重视并不断推进会计信息化的应用。工会开展会计信息化工作，应当符合财政部制定的相关会计信息化工作规范和标准，确保利用现代信息技术手段进行会计处理及生成的会计信息符合会计法和本制度的规定。

第二章　一 般 原 则

第十六条　工会提供的会计信息应当符合工会管理工作的要求，满足会计信息使用者的需要，满足本级工会加强财务管理的需要。

第十七条　工会应当以实际发生的经济业务或者事项为依据进行会计处理，如实反映工会财务状况和收支情况等信息，保证会计信息真实可靠、内容完整。

第十八条　工会提供的会计信息应当清晰明了，便于理解和使用。

第十九条 工会会计处理应当采用规定的会计政策，前后各期一致，不得随意变更，以确保会计信息口径一致，相互可比。

第二十条 工会会计处理应当遵循重要性原则。对于重要的经济业务或者事项，应当单独反映。

第二十一条 工会应当对已经发生的经济业务或者事项及时进行会计处理和报告，不得提前或者延后。

第二十二条 工会应当对指定用途的资金按规定的用途专款专用，并单独反映。

第二十三条 工会在发生会计政策变更、会计估计变更和会计差错更正时，除本制度另有规定外，一般采用未来适用法进行会计处理。

会计政策，是指工会在会计核算时所遵循的特定原则、基础以及所采用的具体会计处理方法。会计估计，是指工会对结果不确定的经济业务或者事项以最近可利用的信息为基础所作的判断，如固定资产、无形资产的预计使用年限等。会计差错，是指工会在会计核算时，在确认、计量、记录、报告等方面出现的错误，通常包括计算或记录错误、应用会计政策错误、疏忽或曲解事实产生的错误、财务舞弊等。未来适用法，是指将变更后的会计政策应用于变更当期及以后各期发生的经济业务或者事项，或者在会计估计变更当期和未来期间确认会计估计变更的影响的方法。

第三章 资 产

第二十四条 资产是工会过去的经济业务或者事项形成的，由工会控制的，预期能够产生服务潜力或者带来经济利益流入的经济资源。

服务潜力是指工会利用资产提供公共产品和服务以履行工会

职能的潜在能力。

经济利益流入表现为现金及现金等价物的流入,或者现金及现金等价物流出的减少。

工会的资产包括流动资产、在建工程、固定资产、无形资产、投资和长期待摊费用等。

第二十五条 工会对符合本制度第二十四条规定的资产定义的经济资源,在同时满足以下条件时,应当确认为资产:

(一)与该经济资源相关的服务潜力很可能实现或者经济利益很可能流入工会;

(二)该经济资源的成本或者价值能够可靠地计量。

符合资产定义并确认的资产项目,应当列入资产负债表。

第二十六条 工会的资产按照国家有关规定依法确认为国有资产的,应当作为国有资产登记入账;依法确认为工会资产的,应当作为工会资产登记入账。

第二十七条 工会的资产在取得时应当按照实际成本计量。除国家另有规定外,工会不得自行调整其账面价值。

对于工会接受捐赠的现金资产,应当按照实际收到的金额入账。对于工会接受捐赠、无偿调入的非现金资产,其成本按照有关凭证注明的金额加上相关税费、运输费等确定;没有相关凭证、但按照规定经过资产评估的,其成本按照评估价值加上相关税费、运输费等确定;没有相关凭证、也未经过评估的,其成本比照同类或类似资产的价格加上相关税费、运输费等确定。如无法采用上述方法确定资产成本的,按照名义金额(人民币 1 元)入账,相关税费、运输费等计入当期支出。

工会盘盈的资产,其成本比照本条第二款确定。

第一节　流　动　资　产

第二十八条 流动资产是指预计在一年内(含一年)变现或

者耗用的资产。主要包括货币资金、应收款项和库存物品等。

第二十九条 货币资金包括库存现金、银行存款等。

货币资金应当按照实际发生额入账。工会应当设置库存现金和银行存款日记账，按照业务发生顺序逐日逐笔登记。库存现金应当做到日清月结，其账面余额应当与库存数相符；银行存款的账面余额应当与银行对账单定期核对，如有不符，应当编制银行存款余额调节表调节相符。

工会发生外币业务的，应当按照业务发生当日的即期汇率，将外币金额折算为人民币金额记账，并登记外币金额和汇率。期末，各种外币账户的期末余额，应当按照期末的即期汇率折算为人民币，作为外币账户期末人民币余额。调整后的各种外币账户人民币余额与原账面余额的差额，作为汇兑损益计入当期支出。

第三十条 应收款项包括应收上级经费、应收下级经费和其他应收款等。

应收上级经费是本级工会应收未收的上级工会应拨付（或转拨）的工会拨缴经费和补助。

应收下级经费是县级以上工会应收未收的下级工会应上缴的工会拨缴经费。

其他应收款是工会除应收上下级经费以外的其他应收及暂付款项。

应收款项应当按照实际发生额入账。年末，工会应当分析各项应收款项的可收回性，对于确实不能收回的应收款项应报经批准认定后及时予以核销。

第三十一条 库存物品指工会取得的将在日常活动中耗用的材料、物品及达不到固定资产标准的工具、器具等。

库存物品在取得时应当按照其实际成本入账。工会购入、有偿调入的库存物品以实际支付的价款记账。工会接受捐赠、无偿调入的库存物品按照本制度第二十七条规定所确定的成本入账。

库存物品在发出（领用或出售等）时，工会应当根据实际情况在先进先出法、加权平均法、个别计价法中选择一种方法确定发出库存物品的实际成本。库存物品发出方法一经选定，不得随意变更。

工会应当定期对库存物品进行清查盘点，每年至少全面盘点一次。对于盘盈、盘亏或报废、毁损的库存物品，应当及时查明原因，报经批准认定后及时进行会计处理。

工会盘盈的库存物品应当按照确定的成本入账，报经批准后相应增加资产基金；盘亏的库存物品，应当冲减其账面余额，报经批准后相应减少资产基金。对于报废、毁损的库存物品，工会应当冲减其账面余额，报经批准后相应减少资产基金，清理中取得的变价收入扣除清理费用后的净收入（或损失）计入当期收入（或支出），按规定应当上缴财政的计入其他应付款。

第二节 固定资产

第三十二条 固定资产是指工会使用年限超过1年（不含1年），单位价值在规定标准以上，并在使用过程中基本保持原有物质形态的资产，一般包括：房屋及构筑物；专用设备；通用设备；文物和陈列品；图书、档案；家具、用具、装具及动植物。

通用设备单位价值在1000元以上，专用设备单位价值在1500元以上的，应当确认为固定资产。单位价值虽未达到规定标准，但是使用时间超过1年（不含1年）的大批同类物资，应当按照固定资产进行核算和管理。

第三十三条 固定资产在取得时应当按照其实际成本入账。

工会购入、有偿调入的固定资产，其成本包括实际支付的买价、运输费、保险费、安装费、装卸费及相关税费等。

工会自行建造的固定资产，其成本包括该项资产至交付使用前所发生的全部必要支出。

工会接受捐赠、无偿调入的固定资产，按照本制度第二十七条规定所确定的成本入账。

工会在原有固定资产基础上进行改建、扩建、大型修缮后的固定资产，其成本按照原固定资产账面价值加上改建、扩建、大型修缮发生的支出，再扣除固定资产被替换部分的账面价值后的金额确定。

已交付使用但尚未办理竣工决算手续的固定资产，工会应当按照估计价值入账，待办理竣工决算后再按照实际成本调整原来的暂估价值。

第三十四条 在建工程是工会已经发生必要支出，但尚未交付使用的建设项目工程。工会作为建设单位的基本建设项目应当按照本制度规定统一进行会计核算。

工会对在建工程应当按照实际发生的支出确定其工程成本，并单独核算。在建工程的工程成本应当根据以下具体情况分别确定：

（一）对于自营工程，按照直接材料、直接人工、直接机械施工费等确定其成本；

（二）对于出包工程，按照应支付的工程价款等确定其成本；

（三）对于设备安装工程，按照所安装设备的价值、工程安装费用、工程试运转等所发生的支出等确定其成本。

建设项目完工交付使用时，工会应当将在建工程成本转入固定资产等进行核算。

第三十五条 工会应当对固定资产计提折旧，但文物和陈列品，动植物，图书、档案，单独计价入账的土地和以名义金额计量的固定资产除外。

工会应当根据相关规定以及固定资产的性质和使用情况，合理确定固定资产的使用年限。固定资产的使用年限一经确定，不得随意变更。

工会一般应当采用年限平均法或者工作量法计提固定资产折旧，计提折旧时不考虑预计净残值。在确定固定资产折旧方法时，应当考虑与固定资产相关的服务潜力或经济利益的预期实现方式。固定资产的折旧方法一经确定，不得随意变更。

工会应当按月对固定资产计提折旧。当月增加的固定资产，当月计提折旧；当月减少的固定资产，当月不再计提折旧。固定资产提足折旧后，无论是否继续使用，均不再计提折旧；提前报废的固定资产，也不再补提折旧。

固定资产因改建、扩建或大型修缮等原因而延长其使用年限的，工会应当按照重新确定的固定资产成本以及重新确定的折旧年限计算折旧额。

工会应当对暂估入账的固定资产计提折旧，实际成本确定后不需调整原已计提的折旧额。

第三十六条 工会处置（出售）固定资产时，应当冲减其账面价值并相应减少资产基金，处置中取得的变价收入扣除处置费用后的净收入（或损失）计入当期收入（或支出），按规定应当上缴财政的计入其他应付款。

第三十七条 工会应当定期对固定资产进行清查盘点，每年至少全面盘点一次。对于盘盈、盘亏或报废、毁损的固定资产，工会应当及时查明原因，报经批准认定后及时进行会计处理。

工会盘盈的固定资产，应当按照确定的成本入账，报经批准后相应增加资产基金；盘亏的固定资产，应当冲减其账面余额，报经批准后相应减少资产基金。对于报废、毁损的固定资产，工会应当冲减其账面余额，报经批准后相应减少资产基金，清理中取得的变价收入扣除清理费用后的净收入（或损失）计入当期收入（或支出），按规定应当上缴财政的计入其他应付款。

第三节 无 形 资 产

第三十八条 无形资产是指工会控制的没有实物形态的可辨认非货币性资产，包括专利权、商标权、著作权、土地使用权、非专利技术等。工会购入的不构成相关硬件不可缺少组成部分的应用软件，应当确认为无形资产。

第三十九条 无形资产在取得时应当按照其实际成本入账。

工会外购的无形资产，其成本包括购买价款、相关税费以及可归属于该项资产达到预定用途前所发生的其他支出。工会委托软件公司开发的软件，视同外购无形资产确定其成本。

工会接受捐赠、无偿调入的无形资产，按照本制度第二十七条规定所确定的成本入账。

对于非大批量购入、单价小于1000元的无形资产，工会可以于购买的当期将其成本直接计入支出。

第四十条 工会应当按月对无形资产进行摊销，使用年限不确定的、以名义金额计量的无形资产除外。

工会应当按照以下原则确定无形资产的摊销年限：法律规定了有效年限的，按照法律规定的有效年限作为摊销年限；法律没有规定有效年限的，按照相关合同中的受益年限作为摊销年限；上述两种方法无法确定有效年限的，应当根据无形资产为工会带来服务潜力或者经济利益的实际情况，预计其使用年限。

工会应当采用年限平均法或工作量法对无形资产进行摊销，应摊销金额为其成本，不考虑预计净残值。

工会应当按月进行摊销。当月增加的无形资产，当月进行摊销；当月减少的无形资产，当月不再进行摊销。无形资产提足摊销后，无论是否继续使用，均不再进行摊销；核销的无形资产，也不再补提摊销。

因发生后续支出而增加无形资产成本的，对于使用年限有限的无形资产，工会应当按照重新确定的无形资产成本以及重新确定的摊销年限计算摊销额。

第四十一条 工会处置（出售）无形资产时，应当冲减其账面价值并相应减少资产基金，处置中取得的变价收入扣除处置费用后的净收入（或损失）计入当期收入（或支出），按规定应当上缴财政的计入其他应付款。

第四十二条 工会应当定期对无形资产进行清查盘点，每年至少全面盘点一次。工会在资产清查盘点过程中发现的无形资产盘盈、盘亏等，参照本制度固定资产相关规定进行处理。

第四节 其他资产

第四十三条 投资是指工会按照国家有关法律、行政法规和工会的相关规定，以货币资金、实物资产等方式向其他单位的投资。投资按其流动性分为短期投资和长期投资；按其性质分为股权投资和债权投资。

投资在取得时应当按照其实际成本入账。工会以货币资金方式对外投资的，以实际支付的款项（包括购买价款以及税金、手续费等相关税费）作为投资成本记账。工会以实物资产和无形资产方式对外投资的，以评估确认或合同、协议确定的价值记账。

对于投资期内取得的利息、利润、红利等各项投资收益，工会应当计入当期投资收益。

工会处置（出售）投资时，实际取得价款与投资账面余额的差额，应当计入当期投资收益。

对于因被投资单位破产、被撤销、注销、吊销营业执照或者被政府责令关闭等情况造成难以收回的未处置不良投资，工会应当在报经批准后及时核销。

第四十四条　长期待摊费用是工会已经支出，但应由本期和以后各期负担的分摊期限在1年以上（不含1年）的各项支出，如对以经营租赁方式租入的固定资产发生的改良支出等。

长期待摊费用应当在对应资产的受益年限内平均摊销。如果某项长期待摊费用已经不能使工会受益，应当将其摊余金额一次性转销。

第四章　负　　债

第四十五条　负债是指工会过去的经济业务或者事项形成的，预期会导致经济资源流出的现时义务。

现时义务是指工会在现行条件下已承担的义务。未来发生的经济业务或者事项形成的义务不属于现时义务，不应当确认为负债。

工会的负债包括应付职工薪酬、应付款项等。

第四十六条　工会对于符合本制度第四十五条规定的现时义务，在同时满足以下条件时，应当确认为负债：

（一）履行该义务很可能导致含有服务潜力或者经济利益的经济资源流出工会；

（二）该义务的金额能够可靠计量。

符合负债定义并确认的负债项目，应当列入资产负债表。

第四十七条　应付职工薪酬是工会按照国家有关规定应付给本单位职工及为职工支付的各种薪酬，包括基本工资、国家统一规定的津贴补贴、规范津贴补贴（绩效工资）、改革性补贴、社会保险费（如职工基本养老保险费、职业年金、基本医疗保险费等）和住房公积金等。

第四十八条 应付款项包括应付上级经费、应付下级经费和其他应付款。

应付上级经费指本级工会按规定应上缴上级工会的工会拨缴经费。

应付下级经费指本级工会应付下级工会的各项补助以及应转拨下级工会的工会拨缴经费。

其他应付款指除应付上下级经费之外的其他应付及暂存款项，包括工会按规定收取的下级工会筹建单位交来的建会筹备金等。

第四十九条 工会的各项负债应当按照实际发生额入账。

第五章 净资产

第五十条 净资产是指工会的资产减去负债后的余额，包括资产基金、专用基金、工会资金结转、工会资金结余、财政拨款结转、财政拨款结余和预算稳定调节基金。

第五十一条 资产基金指工会库存物品、固定资产、在建工程、无形资产、投资和长期待摊费用等非货币性资产在净资产中占用的金额。

资产基金应当在取得库存物品、固定资产、在建工程、无形资产、投资及发生长期待摊费用时确认。资产基金应当按照实际发生额入账。

第五十二条 专用基金指县级以上工会按规定依法提取和使用的有专门用途的基金。

工会提取专用基金时，应当按照实际提取金额计入当期支出；使用专用基金时，应当按照实际支出金额冲减专用基金余额；专用基金未使用的余额，可以滚存下一年度使用。

第五十三条 工会资金结转是指工会预算安排项目的支出年终尚未执行完毕或者因故未执行，且下年需要按原用途继续使用的工会资金。

工会资金结余是指工会年度预算执行终了，预算收入实际完成数扣除预算支出和工会结转资金后剩余的工会资金。

第五十四条 财政拨款结转是指县级以上工会预算安排项目的支出年终尚未执行完毕或者因故未执行，且下年需要按原用途继续使用的财政拨款资金。

财政拨款结余是指县级以上工会年度预算执行终了，预算收入实际完成数扣除预算支出和财政拨款结转资金后剩余的财政拨款资金。

第五十五条 预算稳定调节基金是县级以上工会为平衡年度预算按规定设置的储备性资金。

第六章 收 入

第五十六条 收入是指工会根据工会法以及有关政策规定开展业务活动所取得的非偿还性资金。收入按照来源分为会费收入、拨缴经费收入、上级补助收入、政府补助收入、行政补助收入、附属单位上缴收入、投资收益和其他收入。

会费收入指工会会员依照规定向基层工会缴纳的会费。

拨缴经费收入指基层单位行政拨缴、下级工会按规定上缴及上级工会按规定转拨的工会拨缴经费中归属于本级工会的经费。

上级补助收入指本级工会收到的上级工会补助的款项，包括一般性转移支付补助和专项转移支付补助。

政府补助收入指各级人民政府按照工会法和国家有关规定给予县级以上工会的补助款项。

行政补助收入指基层工会取得的所在单位行政方面按照工会法和国家有关规定给予工会的补助款项。

附属单位上缴收入指工会所属的企事业单位按规定上缴的

收入。

投资收益指工会对外投资发生的损益。

其他收入指工会除会费收入、拨缴经费收入、上级补助收入、政府补助收入、行政补助收入、附属单位上缴收入和投资收益之外的各项收入。

第五十七条 工会各项收入应当按照实际发生额入账。

第七章 支　　出

第五十八条 支出是指工会为开展各项工作和活动所发生的各项资金耗费和损失。支出按照功能分为职工活动支出、职工活动组织支出、职工服务支出、维权支出、业务支出、行政支出、资本性支出、补助下级支出、对附属单位的支出和其他支出。

职工活动支出指基层工会开展职工教育活动、文体活动、宣传活动、劳模疗休养活动、会员活动等发生的支出。

职工活动组织支出指县级以上工会组织开展职工教育活动、文体活动、宣传活动和劳模疗休养活动等发生的支出。

职工服务支出指工会开展职工劳动和技能竞赛活动、职工创新活动、建家活动、职工书屋、职工互助保障、心理咨询等工作发生的支出。

维权支出指工会用于维护职工权益的支出,包括劳动关系协调、劳动保护、法律援助、困难职工帮扶、送温暖和其他维权支出。

业务支出指工会培训工会干部、加强自身建设及开展业务工作发生的各项支出。

行政支出指县级以上工会为行政管理、后勤保障等发生的各项日常支出。

资本性支出指工会从事建设工程、设备工具购置、大型修缮和信息网络购建等而发生的实际支出。

补助下级支出指县级以上工会为解决下级工会经费不足或根据有关规定给予下级工会的各类补助款项。

对附属单位的支出指工会按规定对所属企事业单位的补助。

其他支出指工会除职工活动支出、职工活动组织支出、职工服务支出、维权支出、业务支出、行政支出、资本性支出、补助下级支出和对附属单位的支出以外的各项支出。

第五十九条 工会各项支出应当按照实际发生额入账。

第八章 财务报表

第六十条 工会财务报表是反映各级工会财务状况、业务活动和预算执行结果的书面文件。工会财务报表是各级工会领导、上级工会及其他财务报表使用者了解情况、掌握政策、指导工作的重要资料。

第六十一条 工会财务报表包括会计报表和附注。会计报表分为主表和附表，主表包括资产负债表和收入支出表，附表包括财政拨款收入支出表、国有资产情况表和成本费用表。

资产负债表，是反映工会某一会计期末全部资产、负债和净资产情况的报表。

收入支出表，是反映工会某一会计期间全部收入、支出及结转结余情况的报表。

财政拨款收入支出表，是反映县级以上工会某一会计期间从同级政府财政部门取得的财政拨款收入、支出及结转结余情况的报表。

国有资产情况表，是反映县级以上工会某一会计期间持有的国有资产情况的报表。

成本费用表，是反映县级以上工会某一会计期间成本费用情况的报表。

附注是对在资产负债表、收入支出表等报表中列示项目所作的进一步说明，以及未能在这些报表中列示项目的说明。

第六十二条 工会财务报表分为年度财务报表和中期财务报表。以短于一个完整的会计年度的期间（如半年度、季度和月度）编制的财务报表称为中期财务报表。年度财务报表是以整个会计年度为基础编制的财务报表。

第六十三条 工会要负责对所属单位财务报表和下级工会报送的年度财务报表进行审核、核批和汇总工作，定期向本级工会领导和上级工会报告本级工会预算执行情况。

第六十四条 工会财务报表要根据登记完整、核对无误的账簿记录和其他有关资料编制，做到数字准确、内容完整、报送及时。工会财务报表应当由各级工会的法定代表人和主管会计工作的负责人、会计机构负责人（会计主管人员）签名并盖章。

第九章 附 则

第六十五条 工会填制会计凭证、登记会计账簿、管理会计档案等，应当按照《会计基础工作规范》、《会计档案管理办法》等规定执行。

第六十六条 本制度从2022年1月1日起实施。2009年5月31日财政部印发的《工会会计制度》（财会〔2009〕7号）同时废止。

附录1：工会会计科目和财务报表（略）
附录2：工会固定资产折旧年限表（略）

工会预算管理办法

(2019年12月31日　总工办发〔2019〕26号)

第一章　总　　则

第一条　为了规范各级工会收支行为，强化预算约束，加强对预算的管理和监督，建立全面规范透明、标准科学、约束有力的预算制度，保障工运事业的健康发展和工会职能的有效发挥，根据《中华人民共和国工会法》《中华人民共和国预算法》等法律法规，制定本办法。

第二条　工会预算是各级工会组织及所属事业单位按照一定程序核定的年度收支计划。

第三条　预算、决算的编制、审查、批准、监督，以及预算的执行和调整，依照本办法规定执行。

第四条　工会系统实行一级工会一级预算，预算管理实行下管一级的原则。

工会预算一般分为五级，即：全国总工会、省级工会、市级工会、县级工会和基层工会。省级工会可根据乡镇（街道）工会、开发区（工业园区）工会发展的实际，确定省级以下工会的预算管理级次，并报全国总工会备案。

经全国总工会批准，中华全国铁路总工会、中国民航工会全国委员会、中国金融工会全国委员会依法独立管理经费，根据各自管理体制，确定所属下级工会的预算管理级次，并报全国总工会备案。

第五条　全国工会预算由全国总工会总预算和省级工会总预

算组成。

全国总工会总预算由全国总工会本级预算和与全国总工会建立经费拨缴关系的企业工会汇总预算组成。

省级工会总预算由省（自治区、直辖市）总工会、中央和国家机关工会联合会、中华全国铁路总工会、中国民航工会全国委员会、中国金融工会全国委员会本级预算和汇总的下一级工会总预算组成。下一级工会只有本级预算的，下一级工会总预算即指下一级工会的本级预算。

本级预算是指各级工会本级次范围内所有收支预算，包括本级所属单位的单位预算和本级工会的转移支付预算。

单位预算是指本级工会机关、所属事业单位的预算。

转移支付预算是指本级工会对下级工会的补助预算。

第六条 拨缴的工会经费实行分成制。

第七条 工会预算应当遵循统筹兼顾、勤俭节约、量力而行、讲求绩效和收支平衡的原则。

第八条 各级工会的预算收入和预算支出实行收付实现制，特定事项按照相关规定实行权责发生制。

第九条 预算年度自公历1月1日起，至12月31日止。

第十条 预算收入和预算支出以人民币元为计算单位。

第二章　预算管理职权

第十一条 各级工会、各预算单位财务管理部门是预算归口管理的职能部门。

第十二条 全国总工会财务管理部门的职权：

（一）具体负责汇总编制全国工会预算；

（二）具体负责编制全国总工会本级预（决）算草案，报全总领导同志签批后，经中华全国总工会经费审查委员会审查，提交全总党组会议审议；

（三）具体负责编制全国总工会本级预算调整方案，经中华全国总工会经费审查委员会履行审查程序后，提交全总党组会议审议；

（四）批复全国总工会本级预算单位预（决）算，对省级工会的预（决）算和预算调整方案实行备案管理；

（五）提出全国总工会本级预算预备费动用方案，提交全总党组会议审议；

（六）具体负责汇总编制全国工会决算；

（七）定期向中华全国总工会经费审查委员会或其常委会报告全国总工会本级预算执行情况。

第十三条 省级工会的职权：

（一）汇总编制省级工会总预算，报全国总工会备案；

（二）编制省级工会本级预（决）算草案，经必要程序审查、审议通过后报全国总工会备案；

（三）编制省级工会本级预算调整方案，经必要程序审查、审议通过后报全国总工会备案；

（四）批复省级工会本级预算单位的预（决）算，对下一级工会的本级预（决）算和预算调整方案实行审批或备案管理；

（五）决定本级预备费的动用；

（六）汇总本级及以下各级工会决算，报全国总工会。

第十四条 市级工会的职权：

（一）汇总编制市级工会总预算，报省级工会备案；

（二）编制市级工会本级预（决）算草案，经必要程序审查、审议通过后报省级工会审批或备案；

（三）编制市级工会本级预算调整方案，经必要程序审查、审议通过后报省级工会审批或备案；

（四）审批市级工会本级预算单位的预（决）算，对县级工会的本级预（决）算和预算调整方案实行审批或备案管理；

（五）决定本级预备费的动用；

（六）汇总本级及以下各级工会决算，报省级工会。

第十五条 县级工会的职权：

（一）汇总编制县级工会总预算，报市级工会备案；

（二）编制县级工会本级预（决）算草案，经必要程序审查、审议通过后报市级工会审批或备案；

（三）编制县级工会本级预算调整方案，经必要程序审查、审议通过后报市级工会审批或备案；

（四）审批县级工会本级预算单位的预（决）算，对下一级工会的本级预（决）算和预算调整方案实行审批或备案管理；

（五）决定本级预备费的动用；

（六）汇总本级及以下各级工会决算，报市级工会。

第十六条 乡镇（街道）工会、开发区（工业园区）工会预算管理职权由省级工会确定。

第十七条 基层工会的职责：

（一）负责编制本级工会预（决）算草案和预算调整方案，经本级经费审查委员会审查后，由本级工会委员会审批，报上级工会备案；

（二）组织本级预算的执行；

（三）定期向本级工会经费审查委员会报告本级工会预算执行情况；

（四）批复本级所属预算单位的预（决）算；

（五）编制本级工会决算，报上级工会。

第三章 预算收支范围

第十八条 预算由预算收入和预算支出组成。工会及所属预算单位的全部收入和支出都应当纳入预算。

第十九条 县级以上工会预算收入包括：拨缴经费收入、上级补助收入、政府补助收入、附属单位上缴收入、投资收益、其他收入。

基层工会预算收入包括：会费收入、拨缴经费收入、上级补助收入、行政补助收入、附属单位上缴收入、投资收益、其他收入。

第二十条 工会所属事业单位预算收入包括：财政拨款收入、事业收入、上级补助收入、附属单位上缴收入、经营收入、债务收入、非同级财政拨款收入、投资收益、其他收入。

第二十一条 县级以上工会预算支出包括：职工活动组织支出、职工服务支出、维权支出、业务支出、行政支出、资本性支出、补助下级支出、对附属单位的支出、其他支出。

基层工会预算支出包括：职工活动支出、职工服务支出、维权支出、业务支出、资本性支出、对附属单位的支出、其他支出。

第二十二条 工会所属事业单位的预算支出包括：行政支出、事业支出、经营支出、上缴上级支出、对附属单位补助支出、投资支出、债务还本支出、其他支出。

第四章 预算编制与审批

第二十三条 根据国家财政预算管理要求和工会预算管理实际，全国总工会及时印发下一年度预算草案编制的通知。省、市、县级工会应根据全国总工会预算编制的有关要求，结合实际情况进行部署，编制本级预算，汇总下一级工会总预算，按规定时限报上一级工会。

第二十四条 各级工会、各预算单位应当围绕党和国家工作大局，紧扣工会中心工作，参照国务院财政部门制定的政府收支分类科目、预算支出标准和预算绩效管理的规定，根据跨年度预算平衡的原则，参考上一年预算执行情况、存量资产情况和有关支出绩效评价结果，编制预算草案。

前款所称政府收支分类科目，收入分为类、款、项、目；支出按其功能分类分为类、款、项，按其经济性质分类为类、款。

第二十五条　各级工会、各预算单位应当按照本办法规定的收支范围，依法、真实、完整、合理地编制年度收支预算。

第二十六条　根据《中华人民共和国工会法》等法律法规的规定，各级工会办公场所和工会活动设施等物质条件应由各级人民政府和单位行政提供。各级工会应积极争取同级政府或行政支持，将政府或行政补助纳入预算管理。在政府或行政补助不足的情况下，可以动用经费弥补不足，上级工会也可根据情况给予适当补助。

第二十七条　县级以上工会可根据所属事业单位分类情况，结合同级财政保障程度，对所属事业单位实行定额补助或定项补助。

第二十八条　各级工会支出预算的编制，应当贯彻勤俭节约的原则，优化经费支出结构，保障日常运行经费，从严控制"三公"经费和一般行政性支出，重点支持维护职工权益、为职工服务和工会活动等工会中心工作。

第二十九条　支出预算的编制按基本支出、项目支出进行分类。基本支出是预算单位为保障其正常运转、完成日常工作任务而编制的年度基本支出计划，按其性质分为人员经费和日常公用经费。基本支出之外为完成特定任务和事业发展目标所发生的支出为项目支出。

第三十条　县级以上工会的基本支出预算，应参照同级政府有关部门的有关规定、制度、费用标准以及核定的人员编制编列，当年未执行完毕的基本支出预算可在下年继续使用。

基层工会在单位行政不能足额保障的情况下，可根据需要从严编制基本支出预算。

第三十一条 各级工会上一年度未全部执行或未执行、下年需按原用途继续使用的项目资金，作为项目结转资金，纳入下一年度预算管理，用于结转项目的支出。

第三十二条 各级工会当年预算收入不足以安排当年预算支出的，可以动用以前年度结余资金弥补不足。各级工会一般不得对外举债，县级以上工会由于特殊原因确需向金融机构申请借款的，必须经过党组会议集体研究决定。

结转结余资金使用管理办法由全国总工会另行制定。

第三十三条 上级工会对下级工会的转移支付分为一般性转移支付和专项转移支付。

一般性转移支付是上级工会给下级工会未指定用途的补助，应当根据全国总工会的有关规定，结合下级工会的财力状况和工作需要编制。

专项转移支付是上级工会给下级工会用于专项工作的补助，应当根据工作需要，分项目编制。

县级以上工会应当将对下级工会的转移支付预计数提前下达下级工会。各级工会应当将上级工会提前下达的转移支付预计数编入本级预算。

第三十四条 县级以上工会应根据实际情况建立本级预算项目库。

第三十五条 县级以上工会应根据基本建设类项目立项批复确定的资金渠道编制年度支出预算。

第三十六条 各级工会、各预算单位编制预算时，应根据政府采购和工会资金采购的相关规定，编制年度采购预算。

第三十七条　县级以上工会可以按照本级预算支出额的百分之一至百分之三设置预备费，用于当年预算执行中因处理突发事件、政策性增支及其他难以预见的开支。

第三十八条　县级以上工会可以设置预算稳定调节基金，用于弥补以后年度预算资金的不足。

第三十九条　省级（含）以下总工会预算必须由党组集体审议决定，同级经费审查委员会履行相应审查职责，其他审查、审议的必要程序由各级工会确定。

第四十条　上一级工会认为下一级工会预算与法律法规、上级工会预算编制要求不符的，有权提出修订意见，下级工会应予调整。

第四十一条　各级工会本级预算经批准后，应当在二十日内批复所属预算单位。

第五章　预算执行与调整

第四十二条　各级工会预算由本级工会组织执行，具体工作由财务管理部门负责。

各级工会所属预算单位是本单位预算执行的主体，对本单位预算执行结果负责。

第四十三条　各级工会应按照年度预算积极组织收入。按照规定的比例及时、足额拨缴工会经费，不得截留、挪用。

第四十四条　预算批准前，上一年结转的项目支出和必要的基本支出可以提前使用。送温暖支出、突发事件支出和本级工会已确定年度重点工作支出等需提前使用的，必须经集体研究决定。预算批准后，按照批准的预算执行。

第四十五条　各级工会应根据年度支出预算和用款计划拨款。未经批准，不得办理超预算、超计划的拨款。

三、组织经费规定

第四十六条 县级以上工会必须根据国家法律法规和全国总工会的相关规定，及时、足额拨付预算资金，加强对预算支出的管理和监督。各预算单位的支出必须按照预算执行，不得擅自扩大支出范围，提高开支标准，不得擅自改变预算资金用途，不得虚假列支。

第四十七条 当年预算执行中，县级以上工会因处理突发事件、政策性增支及其他难以预见的开支，需要增加预算支出的，可以由本级工会财务管理部门提出预备费的动用方案，报本级工会集体研究决定。

第四十八条 各级工会预算一经批准，原则上不作调整。下列事项应当进行预算调整：

（一）需要增加或减少预算总支出的；
（二）动用预备费仍不足以安排支出的；
（三）需要调减预算安排的重点支出数额的；
（四）动用预算稳定调节基金的。

预算调整的程序按照预算编制的审批程序执行。

在预算执行中，各级工会因上级工会和同级财政增加不需要本级工会提供配套资金的补助而引起的预算收支变化，不属于预算调整。

第四十九条 各级工会、各预算单位的预算支出应当按照预算科目执行，严格控制不同预算科目、预算级次或项目间的预算资金调剂。确需调剂使用的，按照有关规定办理。

第五十条 县级以上工会在预算执行中有超收收入的，只能用于补充预算稳定调节基金。县级以上工会在预算年度中出现短收，应通过减少支出、调入预算稳定调节基金来解决。以上变化情况应在决算说明中进行反映。

第五十一条 县级以上工会和具备条件的基层工会应全面实施预算绩效管理。

第六章 决　　算

第五十二条 各级工会应在每一预算年度终了后，按照全国总工会的有关规定编制本级工会收支决算草案和汇总下一级工会收支决算。

第五十三条 编制决算草案，必须符合法律法规和相关制度规定，做到收支真实、数据准确、内容完整、报送及时。

第五十四条 全国总工会和省、市、县级工会决算编制的职权按照本办法有关规定执行。

基层工会决算草案经本级经费审查委员会审查后，由本级工会委员会审批，并报上级工会备案。

第五十五条 各级工会所属预算单位的决算草案，应在规定的期限内报本级财务管理部门审核汇总。本级财务管理部门审核决算草案发现有不符合法律法规和工会规定的，有权责令其纠正。

第五十六条 各级工会应当将经批准的本级决算及下一级工会的决算汇总，在规定时间内报上一级工会备案。

第五十七条 上一级工会认为下一级工会决算与法律法规、上级工会决算编制要求不符的，有权提出修订意见，下级工会应予调整。

第五十八条 各级工会本级决算批准后，应当在十五个工作日内批复所属预算单位。

第七章 监督及法律责任

第五十九条 各级工会财务管理部门按照相关规定，对本级所属单位及下一级工会预（决）算进行财务监督。

第六十条 各级工会的预（决）算接受同级工会经费审查委员会的审查审计监督。预算执行情况同时接受上一级工会经费审查委员会的审计监督。

第六十一条 各级工会预算执行情况、决算依法接受政府审计部门的审计监督。

第六十二条 各级工会、各预算单位有下列行为之一的，责令改正，对负有直接责任的主管人员和其他直接责任人员追究行政责任。

（一）未按本办法规定编报本级预（决）算草案、预算调整方案和批复预（决）算的；

（二）虚列收入和支出的；

（三）截留、挪用、拖欠拨缴经费收入的；

（四）未经批准改变预算支出用途的。

第六十三条 各级工会、各预算单位及其工作人员存在下列行为之一的，责令改正，追回骗取、使用的资金，有违法所得的没收违法所得，对单位给予警告或者通报批评；对负有直接责任的主管人员和其他直接责任人员依法给予处分：

（一）虚报、冒领预算资金的；

（二）违反规定扩大开支范围、提高开支标准的。

第六十四条 县级以上工会预（决）算应在工会内部公开，经单位批准可向社会公开。

基层工会预（决）算应向全体工会会员公开。

涉密事项的预（决）算不得公开。

第八章 附 则

第六十五条 本办法由全国总工会财务部负责解释。

第六十六条 省级工会应根据本办法，结合本地区本产业的实际，制定具体实施细则，并报全国总工会财务部备案。

第六十七条 本办法自 2020 年 6 月 1 日施行。2009 年 8 月 14 日颁发的《工会预算管理办法》同时废止。

基层工会经费收支管理办法

(2017年12月15日　总工办发〔2017〕32号)

第一章　总　　则

第一条　为加强基层工会收支管理，规范基层工会经费使用，根据《中华人民共和国工会法》和《中国工会章程》《工会会计制度》《工会预算管理办法》的有关规定，结合中华全国总工会（以下简称"全国总工会"）贯彻落实中央有关规定的相关要求，制定本办法。

第二条　本办法适用于企业、事业单位、机关和其他经济社会组织单独或联合建立的基层工会委员会。

第三条　基层工会经费收支管理应遵循以下原则：

（一）遵纪守法原则。基层工会应依据《中华人民共和国工会法》的有关规定，依法组织各项收入，严格遵守国家法律法规，严格执行全国总工会有关制度规定，严肃财经纪律，严格工会经费使用，加强工会经费收支管理。

（二）经费独立原则。基层工会应依据全国总工会关于工会法人登记管理的有关规定取得工会法人资格，依法享有民事权利、承担民事义务，并根据财政部、中国人民银行的有关规定，设立工会经费银行账户，实行工会经费独立核算。

（三）预算管理原则。基层工会应按照《工会预算管理办法》的要求，将单位各项收支全部纳入预算管理。基层工会经费年度收支预算（含调整预算）需经同级工会委员会和工会经费审查委员会审查同意，并报上级主管工会批准。

（四）服务职工原则。基层工会应坚持工会经费正确的使用方向，优化工会经费支出结构，严格控制一般性支出，将更多的工会经费用于为职工服务和开展工会活动，维护职工的合法权益，增强工会组织服务职工的能力。

（五）勤俭节约原则。基层工会应按照党中央、国务院关于厉行勤俭节约反对奢侈浪费的有关规定，严格控制工会经费开支范围和开支标准，经费使用要精打细算，少花钱多办事，节约开支，提高工会经费使用效益。

（六）民主管理原则。基层工会应依靠会员管好用好工会经费。年度工会经费收支情况应定期向会员大会或会员代表大会报告，建立经费收支信息公开制度，主动接受会员监督。同时，接受上级工会监督，依法接受国家审计监督。

第二章　工会经费收入

第四条　基层工会经费收入范围包括：

（一）会费收入。会费收入是指工会会员依照全国总工会规定按本人工资收入的5‰向所在基层工会缴纳的会费。

（二）拨缴经费收入。拨缴经费收入是指建立工会组织的单位按全部职工工资总额2%依法向工会拨缴的经费中的留成部分。

（三）上级工会补助收入。上级工会补助收入是指基层工会收到的上级工会拨付的各类补助款项。

（四）行政补助收入。行政补助收入是指基层工会所在单位依法对工会组织给予的各项经费补助。

（五）事业收入。事业收入是指基层工会独立核算的所属事业单位上缴的收入和非独立核算的附属事业单位的各项事业收入。

（六）投资收益。投资收益是指基层工会依据相关规定对外投资取得的收益。

（七）其他收入。其他收入是指基层工会取得的资产盘盈、固定资产处置净收入、接受捐赠收入和利息收入等。

第五条 基层工会应加强对各项经费收入的管理。要按照会员工资收入和规定的比例，按时收取全部会员应交的会费。要严格按照国家统计局公布的职工工资总额口径和所在省级工会规定的分成比例，及时足额拨缴工会经费；实行财政划拨或委托税务代收部分工会经费的基层工会，应加强与本单位党政部门的沟通，依法足额落实基层工会按照省级工会确定的留成比例应当留成的经费。要统筹安排行政补助收入，按照预算确定的用途开支，不得将与工会无关的经费以行政补助名义纳入账户管理。

第三章 工会经费支出

第六条 基层工会经费主要用于为职工服务和开展工会活动。

第七条 基层工会经费支出范围包括：职工活动支出、维权支出、业务支出、资本性支出、事业支出和其他支出。

第八条 职工活动支出是指基层工会组织开展职工教育、文体、宣传等活动所发生的支出和工会组织的职工集体福利支出。包括：

（一）职工教育支出。用于基层工会举办政治、法律、科技、业务等专题培训和职工技能培训所需的教材资料、教学用品、场地租金等方面的支出，用于支付职工教育活动聘请授课人员的酬金，用于基层工会组织的职工素质提升补助和职工教育培训优秀学员的奖励。对优秀学员的奖励应以精神鼓励为主、物质激励为辅。授课人员酬金标准参照国家有关规定执行。

（二）文体活动支出。用于基层工会开展或参加上级工会组织的职工业余文体活动所需器材、服装、用品等购置、租赁与维修方面的支出以及活动场地、交通工具的租金支出等，用于文体活动优胜者的奖励支出，用于文体活动中必要的伙食补助费。

文体活动奖励应以精神鼓励为主、物质激励为辅。奖励范围不得超过参与人数的三分之二；不设置奖项的，可为参加人员发放少量纪念品。

文体活动中开支的伙食补助费，不得超过当地差旅费中的伙食补助标准。

基层工会可以用会员会费组织会员观看电影、文艺演出和体育比赛等，开展春游秋游，为会员购买当地公园年票。会费不足部分可以用工会经费弥补，弥补部分不超过基层工会当年会费收入的三倍。

基层工会组织会员春游秋游应当日往返，不得到有关部门明令禁止的风景名胜区开展春游秋游活动。

（三）宣传活动支出。用于基层工会开展重点工作、重大主题和重大节日宣传活动所需的材料消耗、场地租金、购买服务等方面的支出，用于培育和践行社会主义核心价值观，弘扬劳模精神和工匠精神等经常性宣传活动方面的支出，用于基层工会开展或参加上级工会举办的知识竞赛、宣讲、演讲比赛、展览等宣传活动支出。

（四）职工集体福利支出。用于基层工会逢年过节和会员生日、婚丧嫁娶、退休离岗的慰问支出等。

基层工会逢年过节可以向全体会员发放节日慰问品。逢年过节的年节是指国家规定的法定节日（即：新年、春节、清明节、劳动节、端午节、中秋节和国庆节）和经自治区以上人民政府批准设立的少数民族节日。节日慰问品原则上为符合中国传统节日习惯的用品和职工群众必需的生活用品等，基层工会可结合实际采取便捷灵活的发放方式。

工会会员生日慰问可以发放生日蛋糕等实物慰问品，也可以发放指定蛋糕店的蛋糕券。

工会会员结婚生育时，可以给予一定金额的慰问品。工会会员生病住院、工会会员或其直系亲属去世时，可以给予一定金额的慰问金。

工会会员退休离岗，可以发放一定金额的纪念品。

（五）其他活动支出。用于工会组织开展的劳动模范和先进职工疗休养补贴等其他活动支出。

第九条 维权支出是指基层工会用于维护职工权益的支出。包括：劳动关系协调费、劳动保护费、法律援助费、困难职工帮扶费、送温暖费和其他维权支出。

（一）劳动关系协调费。用于推进创建劳动关系和谐企业活动、加强劳动争议调解和队伍建设、开展劳动合同咨询活动、集体合同示范文本印制与推广等方面的支出。

（二）劳动保护费。用于基层工会开展群众性安全生产和职业病防治活动、加强群监员队伍建设、开展职工心理健康维护等促进安全健康生产、保护职工生命安全为宗旨开展职工劳动保护发生的支出等。

（三）法律援助费。用于基层工会向职工群众开展法治宣传、提供法律咨询、法律服务等发生的支出。

（四）困难职工帮扶费。用于基层工会对困难职工提供资金和物质帮助等发生的支出。

工会会员本人及家庭因大病、意外事故、子女就学等原因致困时，基层工会可给予一定金额的慰问。

（五）送温暖费。用于基层工会开展春送岗位、夏送清凉、金秋助学和冬送温暖等活动发生的支出。

（六）其他维权支出。用于基层工会补助职工和会员参加互助互济保障活动等其他方面的维权支出。

第十条 业务支出是指基层工会培训工会干部、加强自身建

三、组织经费规定

设以及开展业务工作发生的各项支出。包括：

（一）培训费。用于基层工会开展工会干部和积极分子培训发生的支出。开支范围和标准以有关部门制定的培训费管理办法为准。

（二）会议费。用于基层工会会员大会或会员代表大会、委员会、常委会、经费审查委员会以及其他专业工作会议的各项支出。开支范围和标准以有关部门制定的会议费管理办法为准。

（三）专项业务费。用于基层工会开展基层工会组织建设、建家活动、劳模和工匠人才创新工作室、职工创新工作室等创建活动发生的支出，用于基层工会开办的图书馆、阅览室和职工书屋等职工文体活动阵地所发生的支出，用于基层工会开展专题调研所发生的支出，用于基层工会开展女职工工作性支出，用于基层工会开展外事活动方面的支出，用于基层工会组织开展合理化建议、技术革新、发明创造、岗位练兵、技术比武、技术培训等劳动和技能竞赛活动支出及其奖励支出。

（四）其他业务支出。用于基层工会发放兼职工会干部和专职社会化工会工作者补贴，用于经上级批准评选表彰的优秀工会干部和积极分子的奖励支出，用于基层工会必要的办公费、差旅费，用于基层工会支付代理记账、中介机构审计等购买服务方面的支出。

基层工会兼职工会干部和专职社会化工会工作者发放补贴的管理办法由省级工会制定。

第十一条 资本性支出是指基层工会从事工会建设工程、设备工具购置、大型修缮和信息网络购建而发生的支出。

第十二条 事业支出是指基层工会对独立核算的附属事业单位的补助和非独立核算的附属事业单位的各项支出。

第十三条 其他支出是指基层工会除上述支出以外的其他各项支出。包括：资产盘亏、固定资产处置净损失、捐赠、赞助等。

第十四条　根据《中华人民共和国工会法》的有关规定，基层工会专职工作人员的工资、奖励、补贴由所在单位承担，基层工会办公和开展活动必要的设施和活动场所等物质条件由所在单位提供。所在单位保障不足且基层工会经费预算足以保证的前提下，可以用工会经费适当弥补。

第四章　财务管理

第十五条　基层工会主席对基层工会会计工作和会计资料的真实性、完整性负责。

第十六条　基层工会应根据国家和全国总工会的有关政策规定以及上级工会的要求，制定年度工会工作计划，依法、真实、完整、合理地编制工会经费年度预算，依法履行必要程序后报上级工会批准。严禁无预算、超预算使用工会经费。年度预算原则上一年调整一次，调整预算的编制审批程序与预算编制审批程序一致。

第十七条　基层工会应根据批准的年度预算，积极组织各项收入，合理安排各项支出，并严格按照《工会会计制度》的要求，科学设立和登记会计账簿，准确办理经费收支核算，定期向工会委员会和经费审查委员会报告预算执行情况。基层工会经费年度财务决算需报上级工会审批。

第十八条　基层工会应加强财务管理制度建设，健全完善财务报销、资产管理、资金使用等内部管理制度。基层工会应依法组织工会经费收入，严格控制工会经费支出，各项收支实行工会委员会集体领导下的主席负责制，重大收支须集体研究决定。

第十九条　基层工会应根据自身实际科学设置会计机构、合理配备会计人员，真实、完整、准确、及时反映工会经费收支情况和财务管理状况。具备条件的基层工会，应当设置会计机构或在有关机构中设置专职会计人员；不具备条件的，由设立工会财务结算中心的乡镇（街道）、开发区（工业园区）工会实行集中核算，分户管理，或者委托本单位财务部门或经批准设立从事会计代理记账业务的中介机构或聘请兼职会计人员代理记账。

第五章　监 督 检 查

第二十条　全国总工会负责对全国工会系统工会经费的收入、支出和使用管理情况进行监督检查。按照"统一领导、分级管理"的管理体制，省以下各级工会应加强对本级和下一级工会经费收支与使用管理情况的监督检查，下一级工会应定期向本级工会委员会和上一级工会报告财务监督检查情况。

第二十一条　基层工会应加强对本单位工会经费使用情况的内部会计监督和工会预算执行情况的审查审计监督，依法接受并主动配合国家审计监督。内部会计监督主要对原始凭证的真实性合法性、会计账簿与财务报告的准确性及时性、财产物资的安全完整性进行监督，以维护财经纪律的严肃性。审查审计监督主要对单位财务收支情况和预算执行情况进行审查监督。

第二十二条　基层工会应严格执行以下规定：

（一）不准使用工会经费请客送礼。

（二）不准违反工会经费使用规定，滥发奖金、津贴、补贴。

（三）不准使用工会经费从事高消费性娱乐和健身活动。

（四）不准单位行政利用工会账户，违规设立"小金库"。

（五）不准将工会账户并入单位行政账户，使工会经费开支失去控制。

（六）不准截留、挪用工会经费。

（七）不准用工会经费参与非法集资活动，或为非法集资活动提供经济担保。

（八）不准用工会经费报销与工会活动无关的费用。

第二十三条 各级工会对监督检查中发现违反基层工会经费收支管理办法的问题，要及时纠正。违规问题情节较轻的，要限期整改；涉及违纪的，由纪检监察部门依照有关规定，追究直接责任人和相关领导责任；构成犯罪的，依法移交司法机关处理。

第六章 附 则

第二十四条 各省级工会应根据本办法的规定，结合本地区、本产业和本系统工作实际，制定具体实施细则，细化支出范围，明确开支标准，确定审批权限，规范活动开展。各省级工会制定的实施细则须报全国总工会备案。基层工会制定的相关办法须报上级工会备案。

第二十五条 本办法自印发之日起执行。《中华全国总工会办公厅关于加强基层工会经费收支管理的通知》（总工办发〔2014〕23号）和《全总财务部关于〈关于加强基层工会经费收支管理的通知〉的补充通知》（工财发〔2014〕69号）同时废止。

第二十六条 基层工会预算编制审批管理办法由全国总工会另行制定。

第二十七条 本办法由全国总工会负责解释。

中华全国总工会关于工会企事业单位资产监督管理的暂行规定

(2007年9月28日 总工发〔2007〕34号)

第一章 总 则

第一条 为加强工会企事业单位资产监督管理,实现工会资产保值增值,防止工会资产流失,依据《物权法》、《工会法》和《中国工会章程》,制定本规定。

第二条 本规定适用于各级地方工会、产业工会和基层工会所属登记注册的企业、事业单位以及职工互助、合作组织(以下简称工会企事业单位)中的工会资产的监督管理。

第三条 本规定所称工会资产,是指工会企事业单位依法占有和使用的资产,包括各级地方工会、产业工会、基层工会对工会企事业单位各种形式的投资、拨款所形成的资产和权益,政府拨付使用的不动产、专项补助资金以及社会各界对工会企事业单位捐赠形成的资产和权益。

第四条 工会资产是工会组织发展壮大的重要条件,是工会开展活动的物质基础。工会资产的使用应坚持为改革开放和发展社会生产力服务、为职工群众服务、为工运事业服务的原则。

第五条 工会资产是属于工会所有的社团财产,其不动产和动产受法律保护。中华全国总工会(以下简称全总)对各级地方工会、产业工会和基层工会(以下简称各级工会)的资产拥有终极所有权。

第六条 工会资产按照"工会统一所有,分级监督管理,单位占有使用"的原则,建立权利、义务和责任相统一的监督管理体制。

第七条　各级工会要严格执行国家有关法律、法规，对本级工会及其领导下的各级工会资产的安全完整和保值增值负责，采取有效措施，管好、用好、经营好工会资产，防止资产流失。

第二章　工会资产监督管理机构

第八条　全总设立全总工会资产监督管理委员会，负责研究指导全国工会企事业资产监督管理工作。

全总资产监督管理部是全总工会资产监督管理机构，承担全总工会资产监督管理委员会日常工作，负责对全国工会企事业资产进行监督管理，对全总本级企事业单位履行出资人职责，审批、审核各级工会和全总本级企事业单位重大的资产使用、经营和处置事项。

各级工会应加强工会资产监督管理机构的建设，设立或明确工会资产监督管理的责任部门，代表本级工会对所辖各级工会企事业资产进行监督管理，并在上级工会和本级工会授权范围内，对本级工会企事业单位履行出资人职责。

上级工会资产监督管理机构按照规定对下级工会资产监督管理机构的工作进行指导。

第九条　工会资产监督管理机构的主要职责是：

1. 贯彻执行国家有关政策法规，研究制定监管范围内的工会资产监督管理的有关规定及其实施办法并组织实施。

2. 组织清产核资、产权登记、资产评估、资产统计、资产处置等工会资产的基础管理和产权管理工作。

3. 按权限审批、审核工会资产产权及土地使用权转让置换、资产重组、招商引资、合资合作、资产抵押、承包经营、托管租赁、关闭清算等资产使用、经营和处置事项。

4. 审批、审核本级工会企事业单位的发展规划、经营方针、年度预算与决算方案、重大投资改造、资产处置等事项。

5. 对本级工会企事业单位资产的运营进行监督。建立和完善本级工会企事业单位工会资产保值增值指标体系，实施资产经营管理目标责任制，对资产收益进行考核，会同有关部门编制再投入预算建议计划。

6. 对本级工会企事业单位负责人的经营业绩进行考核与评价，提出相应的考核意见。对于文化宫、职工学校、工人报刊等文化事业单位的考核，应吸收业务指导部门参与，进行综合评价。

7. 指导和推进工会企事业单位优化产业结构，深化改革、加强管理和建立现代经营管理制度。协调工会企事业发展中的有关政策，总结推广经验，组织人员培训。

第十条 工会资产监督管理机构支持工会企事业单位依法自主经营。工会企事业单位接受工会资产监督管理机构的监督管理，努力提高社会效益和经济效益，对其经营和管理的工会资产承担保值增值的责任，不得损害所有者权益。

第十一条 工会资产监督管理机构可以对本级工会企事业单位中资产规模较大、法人治理结构完善、内部管理制度健全、经营状况良好的独资企业或实行企业化管理的事业单位实行授权经营。被授权的工会企业单位对其投资的全资、控股、参股企业中的工会资产应当承担经营管理和产权监督管理的责任。

第三章　工会资产的管理

第十二条 全总根据全国工会资产监督管理工作的需要，制订全国工会企事业单位资产监督管理的规章制度。各级工会应当认真执行全总的有关规章制度，并结合实际情况，制定各自相应的规章制度和实施办法。省级工会有关规定须报全总资产监督管理部备案。

第十三条 各级工会资产监督管理机构要在同级工会组织领导下，按照全总有关资产监督管理的规定，做好本地区和本级工会企事业单位资产的清产核资、产权界定、资产评估、资产统计、综合评价等基础管理工作，定期分析并向本级工会报告企事业单位工会资产状况。

第十四条 各级工会资产监督管理机构要按照本级工会和上级工会资产监督管理机构的要求，组织协调、监督检查工会企事业单位进行不动产产权登记，依法取得房屋所有权证和土地使用权证，并按照物权法的规定，进行不动产物权登记。

全总对各级工会依法占有和使用的房屋和土地资产进行工会资产产权登记，核发《中华全国总工会工会资产产权登记证》。

第十五条 工会资产监督管理机构应当建立健全对本级企事业单位及其负责人的资产经营管理业绩考核制度和激励约束机制，与企事业单位负责人签订年度和任期资产经营目标责任书，依据责任书对经营目标完成情况进行考核并提出考核意见。

第十六条 工会企事业单位在进行改制、重组、分立、合并、破产、解散，以非货币资产对外投资、招商引资，或进行资产转让、拍卖和置换时，必须委托具有相应资质的评估机构，对工会资产、相关资产以及合作方的资信情况进行评估，并由同级工会或上级工会资产监督管理机构对评估报告进行审核确认。

工会企事业单位在收购非工会资产、接受工会系统以外单位以实物形式偿还债务、与工会系统以外单位或自然人共同组建公司制企业时，应当对相关非工会资产（包括有形资产和无形资产）进行评估。

第十七条 工会资产监督管理机构应当规范和完善工会资产产权交易监督管理工作。逐步创造条件，使工会资产产权交易依法采取公开招标的方式，通过批准设立的产权交易机构公开进行。

第十八条 工会资产监督管理机构要根据工会资产监督管理工作的需要，组织好工会资产监督管理干部的培训工作，提高资产监督管理干部队伍素质和工作水平。

第四章 工会资产的监督

第十九条 上级工会资产监督管理机构应当对下级工会资产管理机构贯彻落实工会资产监督管理规章制度的情况进行检查，及时督查纠正工会资产监督管理和运营中的违规违纪行为。

第二十条 工会资产监督管理机构应对本级工会企事业单位的财务和资产情况进行检查和监督，可以根据需要，向本级工会独资企业和实行企业化管理的事业单位派出总会计师或财务总监。工会企事业单位应当按照规定，定期向本级工会资产监督管理机构报告财务和资产状况。

第二十一条 工会资产监督管理机构应定期向本级工会经费审查委员会报告资产监督管理工作和所监督管理的工会资产状况。

第二十二条 工会企事业单位应当接受同级工会经费审查委员会办公室的审计，并依照有关规定，建立健全企事业单位内部财务、审计和职工民主监督等制度。

第五章 企事业单位重大事项管理

第二十三条 全总对地方总工会、全国产业工会重大的资产使用、经营和处置事项实行审批制。地方总工会、全国产业工会须报全总审批的主要有两项：1. 所属企事业单位将占有和使用的土地与工会系统以外单位进行使用权转让（包括无偿划转）、开发利用及置换的全部事项；2. 所属企事业单位与工会系统以外单位进行资产重组、招商引资、合资合作、承包经营、租赁经营、委托经营等，涉及资产金额在1000万元以上或合作期限10年以上（含10年）的事项（涉及房屋及土地使用权的金额为评估金额）。

凡报送全总审批的事项，由省级工会、全国产业工会审核同意后上报全总资产监督管理部。全总资产监督管理部按照全总书记处授予的权限进行审批，或审核后上报全总书记处批准。

第二十四条 在第二十三条规定的全总审批权限之外的各级工会企事业单位资产的使用、经营以及处置的权限及其规定，由各省级工会、全国产业工会依照本规定制定，并报全总资产监督管理部备案。

各级地方产业工会、基层工会属于第二十三条的事项，由省级工会审批。

第二十五条 各级工会及其资产监督管理机构要对本级企事业单位的下列重大事项实行审批管理。

（一）工会独资企业章程；

（二）企事业单位重大投融资计划，资产重组、股份制改造方案；

（三）企事业单位经营预算与决算方案、工资分配方案；

（四）企事业单位工会资产产权、土地使用权转让（包括无偿划转）、土地资源开发利用及置换事项；招商引资、合资合作、资产抵押、承包经营、托管租赁等事项；

（五）企事业单位的分立、合并、破产、解散；

（六）本级工会规定的其他重大事项。

上述事项中，凡属于第二十三条规定范围内资产使用、经营和处置的重大事项，逐级经地方总工会审核同意后，上报全总审批；其他事项涉及的本级工会与其资产监督管理机构的审批、审核权限的划分，由本级工会依据上级工会的有关规定确定。

第六章　行　政　责　任

第二十六条　各级工会资产监督管理机构不认真履行工会资产监督管理职责，不维护工会资产安全和工会利益，造成工会资产损失或者其他严重后果的，对直接负责的主管人员和其他直接责任人员给予纪律处分，追究其行政责任。

第二十七条　工会企事业单位未按规定向同级工会资产监督管理机构报告财务状况、经营状况和资产保值增值状况的，予以批评并责令改正。

第二十八条　工会企事业单位负责人决策失误、违规经营、滥用职权、玩忽职守，造成工会资产重大损失的，应给予纪律处分，追究其行政责任。

第二十九条　下级工会未按规定向上级工会报批资产使用、经营和处置事项，工会企事业单位未按规定向本级工会资产监督管理机构报批重大事项，要予以通报批评。由此造成工会资产损失或者其他严重后果的，应对有关责任人员给予纪律处分，追究其行政责任。

第七章　附　　　则

第三十条　本规定由全总资产监督管理部负责解释。

第三十一条　本规定自公布之日起施行。

第三十二条　全总及其有关部门在本规定施行前制定的工会企事业单位资产监督管理的规章制度，与本规定不一致的，依照本规定执行。

四、人事制度规定

工会会员会籍管理办法

(2016 年 12 月 12 日)

第一章 总 则

第一条 为规范工会会员会籍管理工作，增强会员意识，保障会员权利，根据《中华人民共和国工会法》和《中国工会章程》等有关规定，制定本办法。

第二条 工会会员会籍是指工会会员资格，是职工履行入会手续后工会组织确认其为工会会员的依据。

第三条 工会会员会籍管理，随劳动（工作）关系流动而变动，会员劳动（工作）关系在哪里，会籍就在哪里，实行一次入会、动态接转。

第二章 会籍取得与管理

第四条 凡在中国境内的企业、事业单位、机关和其他社会组织中，以工资收入为主要生活来源或者与用人单位建立劳动关系的体力劳动者和脑力劳动者，不分民族、种族、性别、职业、宗教信仰、教育程度，承认《中国工会章程》，都可以加入工会为会员。

第五条 职工加入工会，由其本人通过口头或书面形式及通过互联网等渠道提出申请，填写《中华全国总工会入会申请书》

和《工会会员登记表》，经基层工会审核批准，即为中华全国总工会会员，发给《中华全国总工会会员证》（以下简称"会员证"），享有会员权利，履行会员义务。工会会员卡（以下简称"会员卡"）也可以作为会员身份凭证。

第六条 尚未建立工会的用人单位职工，按照属地和行业就近原则，可以向上级工会提出入会申请，在上级工会的帮助指导下加入工会。用人单位建立工会后，应及时办理会员会籍接转手续。

第七条 非全日制等形式灵活就业的职工，可以申请加入所在单位工会，也可以申请加入所在地的乡镇（街道）、开发区（工业园区）、村（社区）工会和区域（行业）工会联合会等。会员会籍由上述工会管理。

第八条 农民工输出地工会开展入会宣传，启发农民工入会意识；输入地工会按照属地管理原则，广泛吸收农民工加入工会。农民工会员变更用人单位时，应及时办理会员会籍接转手续，不需重复入会。

第九条 劳务派遣工可以在劳务派遣单位加入工会，也可以在用工单位加入工会。劳务派遣单位没有建立工会的，劳务派遣工在用工单位加入工会。

在劳务派遣工会员接受派遣期间，劳务派遣单位工会可以与用工单位工会签订委托管理协议，明确双方对会员组织活动、权益维护等方面的责任与义务。

加入劳务派遣单位工会（含委托用工单位管理）的会员，其会籍由劳务派遣单位工会管理。加入用工单位工会的会员会籍由用工单位工会管理。

第十条 基层工会可以通过举行入会仪式、集体发放会员证或会员卡等形式，增强会员意识。

第十一条　基层工会应建立会员档案，实行会员实名制，动态管理会员信息，保障会员信息安全。

第十二条　会员劳动（工作）关系发生变化后，由调出单位工会填写会员证"工会组织关系接转"栏目中有关内容。会员的《工会会员登记表》随个人档案一并移交。会员以会员证或会员卡等证明其工会会员身份，新的用人单位工会应予以接转登记。

第十三条　已经与用人单位解除劳动（工作）关系并实现再就业的会员，其会员会籍应转入新的用人单位工会。如新的用人单位尚未建立工会，其会员会籍原则上应暂时保留在会员居住地工会组织，待所在单位建立工会后，再办理会员会籍接转手续。

第十四条　临时借调到外单位工作的会员，其会籍一般不作变动。如借调时间六个月以上，借调单位已建立工会的，可以将会员关系转到借调单位工会管理。借调期满后，会员关系转回所在单位。会员离开工作岗位进行脱产学习的，如与单位仍有劳动（工作）关系，其会员会籍不作变动。

第十五条　联合基层工会的会员会籍接转工作，由联合基层工会负责。区域（行业）工会联合会的会员会籍接转工作，由会员所在基层工会负责。

第十六条　各级工会分级负责本单位本地区的会员统计工作。农民工会员由输入地工会统计。劳务派遣工会员由劳务派遣单位工会统计，加入用工单位工会的由用工单位工会统计。保留会籍的人员不列入会员统计范围。

第三章　会籍保留与取消

第十七条　会员退休（含提前退休）后，在原单位工会办理保留会籍手续。退休后再返聘参加工作的会员，保留会籍不作变动。

第十八条　内部退养的会员，其会籍暂不作变动，待其按国家有关规定正式办理退休手续后，办理保留会籍手续。

第十九条　会员失业的，由原用人单位办理保留会籍手续。原用人单位关闭或破产的，可将其会籍转至其居住地的乡镇（街道）或村（社区）工会。重新就业后，由其本人及时与新用人单位接转会员会籍。

第二十条　已经加入工会的职工，在其服兵役期间保留会籍。服兵役期满，复员或转业到用人单位并建立劳动关系的，应及时办理会员会籍接转手续。

第二十一条　会员在保留会籍期间免交会费，不再享有选举权、被选举权和表决权。

第二十二条　会员有退会自由。对于要求退会的会员，工会组织应做好思想工作。对经过做思想工作仍要求退会的，由会员所在的基层工会讨论后，宣布其退会并收回其会员证或会员卡。会员没有正当理由连续六个月不交纳会费、不参加工会组织生活，经教育拒不改正，应视为自动退会。

第二十三条　对严重违法犯罪并受到刑事处分的会员，开除会籍。开除会员会籍，须经会员所在工会小组讨论提出意见，由工会基层委员会决定，并报上一级工会备案，同时收回其会员证或会员卡。

第四章　附　　则

第二十四条　本办法由中华全国总工会负责解释。

第二十五条　本办法自印发之日起施行。2000年9月11日印发的《中华全国总工会关于加强工会会员会籍管理有关问题的暂行规定》（总工发〔2000〕18号）同时废止。

企业工会主席合法权益保护暂行办法

（2007年8月20日 总工发〔2007〕32号）

第一章 总 则

第一条 为坚持主动依法科学维权，保护企业工会主席合法权益，保障其依法履行职责，发挥企业工会促进企业发展、维护职工权益的作用，依据《工会法》、《劳动法》、《劳动合同法》等法律法规，制定本办法。

第二条 中华人民共和国境内各类企业工会专职、兼职主席、副主席（以下简称工会主席）的合法权益保护，适用本办法。

企业化管理的事业单位、民办非企业单位工会主席，区域性行业性工会联合会、联合基层工会主席的合法权益保护，参照本办法执行。

第三条 各级工会要依据国家法律法规和政策，严格按照中国工会章程的规定和组织程序，运用法律、经济等手段，保护企业工会主席的合法权益。

第二章 保护内容与措施

第四条 企业工会主席因依法履行职责，被企业降职降级、停职停薪降薪、扣发工资以及其他福利待遇的，或因被诬陷受到错误处理、调动工作岗位的，或遭受打击报复不能恢复原工作、享受原职级待遇的，或未安排合适工作岗位的，上级工会要会同该企业党组织督促企业撤销处理决定，恢复该工会主席原岗位工作，并补足其所受经济损失。

在企业拒不纠正的情况下，上级工会要向企业的上级党组织报告，通过组织渠道促使问题的解决；或会同企业、行业主管部门、或提请劳动行政部门责令该企业改正。

第五条 企业工会主席因依法履行职责，被企业无正当理由解除或终止劳动合同的，上级工会要督促企业依法继续履行其劳动合同，恢复原岗位工作，补发被解除劳动合同期间应得的报酬，或给予本人年收入二倍的赔偿，并给予解除或终止劳动合同时的经济补偿金。

在企业拒不改正的情况下，上级工会要提请劳动行政部门责令该企业改正，直至支持权益受到侵害的工会主席向人民法院提起诉讼。对于发生劳动争议，工会主席本人申请仲裁或者提起诉讼的，应当为其提供法律援助，支付全部仲裁、诉讼费用。

第六条 企业工会主席因依法履行职责，被故意伤害导致人身伤残、死亡的，上级工会要支持该工会主席或者其亲属、代理人依法追究伤害人的刑事责任和民事责任。

对于被故意伤害导致人身伤残的工会主席，上级工会要视其伤残程度给予一次性补助；对于被故意伤害导致死亡的工会主席，要协助其直系亲属做好善后处理事宜，并给予一次性慰问金。

第七条 企业工会主席因依法履行职责，遭受企业解除或终止劳动合同，本人不愿意继续在该企业工作、导致失业的，上级工会要为其提供就业帮助；需要就业培训的，要为其免费提供职业技能培训。在该工会主席失业期间，上级工会要按照本人原岗位工资收入给予补助，享受期限最多不超过六个月。

第八条 企业非专职工会主席因参加工会会议、学习培训、从事工会工作，被企业扣发或减少工资和其他经济收入的，上级工会要督促企业依法予以足额补发。

第三章　保护机制与责任

第九条 各级工会领导机关要建立保护企业工会主席责任制，

逐级承担保护企业工会主席合法权益的职责。企业工会的上一级工会要切实负起责任，保护所属企业工会主席的合法权益。

第十条　县（区）级以上工会领导机关要设立工会干部权益保障金，省级工会50万元、地（市）级工会30万元、县（区）级工会10万元，年末结余滚存下一年度使用。当年使用不足时可以动用滚存结余，仍不足时可追加。本级工会经费有困难时，可向上级工会提出补助申请。

要切实加强工会干部权益保障金的管理，专款专用。各级工会经费审查委员会要加强审查和监督工作。

第十一条　县（区）级以上工会领导机关要建立由组织部门牵头、相关部门参加的工作协调机构，受理下级工会或企业工会主席的维权申请、核实、报批和资料存档等相关事宜。

当工会主席合法权益受到侵害后，工会主席本人或者其所在企业工会组织向上一级工会提出书面保护申请及相关证明材料；上一级工会要及时做好调查核实工作，采取相应保护措施。需要支付保障金的，要按照隶属关系向县（区）级地方工会提出申请。县（区）级以上地方工会应依据实际情况，及时向合法权益受到侵害的工会主席支付权益保障金。

第四章　附　　则

第十二条　全国铁路、金融、民航工会适用本办法。

第十三条　本办法由中华全国总工会解释。

第十四条　本办法自公布之日起施行。

企业工会主席产生办法（试行）

(2008年7月25日)

第一章 总 则

第一条 为健全完善企业工会主席产生机制，充分发挥工会主席作用，切实履行工作职责，增强工会组织凝聚力，根据《工会法》、《中国工会章程》和《企业工会工作条例》，制定本办法。

第二条 中华人民共和国境内企业和实行企业化管理的事业单位、民办非企业单位的工会主席产生适用本办法。

第三条 企业工会主席产生，应坚持党管干部、依法规范、民主集中、组织有序的原则。

第四条 上一级工会应对企业工会主席产生进行直接指导。

第二章 任职条件

第五条 企业工会主席应具备下列条件：

（一）政治立场坚定，热爱工会工作；

（二）具有与履行职责相应的文化程度、法律法规和生产经营管理知识；

（三）作风民主，密切联系群众，热心为会员和职工服务；

（四）有较强的组织协调能力。

第六条 企业行政负责人（含行政副职）、合伙人及其近亲属，人力资源部门负责人，外籍职工不得作为本企业工会主席候选人。

第三章　候选人产生

第七条　企业工会换届或新建立工会组织，应当成立由上一级工会、企业党组织和会员代表组成的领导小组，负责工会主席候选人提名和选举工作。

第八条　企业工会主席候选人应以工会分会或工会小组为单位酝酿推荐，或由全体会员以无记名投票方式推荐，上届工会委员会、上一级工会或工会筹备组根据多数会员的意见，提出候选人名单。

企业工会主席候选人应多于应选人。

第九条　企业党组织和上级工会应对企业工会主席候选人进行考察，对不符合任职条件的予以调整。

第十条　企业工会主席候选人应进行公示，公示期为七天。公示按姓氏笔画排序。

第十一条　企业工会主席候选人应报经企业党组织和上一级工会审批。

第十二条　上级工会可以向非公有制企业工会、联合基层工会推荐本企业以外人员作为工会主席候选人。

第四章　民　主　选　举

第十三条　企业工会主席产生均应依法履行民主选举程序，经会员民主选举方能任职。

第十四条　选举企业工会主席应召开会员大会或会员代表大会，采取无记名投票方式进行。

因故未出席会议的选举人，不得委托他人代为投票。

第十五条　企业工会主席可以由会员大会或会员代表大会直接选举产生，也可以由企业工会委员会选举产生；可以与企业工会委员会委员同时进行选举，也可以单独选举。

第十六条 会员大会或会员代表大会选举企业工会主席，参加选举人数为应到会人数三分之二以上时，方可进行选举。

企业工会主席候选人获得赞成票超过应到会有选举权人数半数的始得当选。

第十七条 任何组织和任何个人不得妨碍民主选举工作，不得阻挠有选举权和被选举权的会员到场，不得以私下串联、胁迫他人等非组织行为强迫选举人选举或者不选举某个人，不得以任何方式追查选举人的投票意向。

第十八条 企业工会主席出现空缺，应在三个月内进行补选。

补选前应征得同级党组织和上一级工会的同意，暂由一名副主席或委员主持工作，一般期限不得超过三个月。

第五章 管理与待遇

第十九条 企业工会主席选举产生后应及时办理工会法人资格登记或工会法人代表变更登记。

企业工会主席一般应按企业副职级管理人员条件选配并享受相应待遇。

公司制企业工会主席应依法进入董事会。

第二十条 企业工会主席由同级党组织与上级工会双重领导，以同级党组织领导为主。尚未建立党组织的企业，其工会主席接受上一级工会领导。

第二十一条 职工二百人以上的企业依法配备专职工会主席。由同级党组织负责人担任工会主席的，应配备专职工会副主席。

企业应依法保障兼职工会主席的工作时间及相应待遇。

第二十二条 企业工会主席任期未满，企业不得随意调动其工作，不得随意解除其劳动合同。因工作需要调动时，应当征得本级工会委员会和上一级工会同意，依法履行民主程序。

工会专职主席自任职之日起，其劳动合同期限自动延长，延长期限相当于其任职期间；非专职主席自任职之日起，其尚未履行的劳动合同期限短于任期的，劳动合同期限自动延长至任期期满。任职期间个人严重过失或者达到法定退休年龄的除外。

罢免、撤换企业工会主席须经会员大会全体会员或者会员代表大会全体代表无记名投票过半数通过。

第二十三条 由上级工会推荐并经民主选举产生的企业工会主席，其工资待遇、社会保险费用等，可以由企业支付，也可以由上级工会或上级工会与其他方面合理承担。

第六章 附 则

第二十四条 联合基层工会、基层工会联合会主席的产生，参照本办法执行。

第二十五条 本办法由中华全国总工会负责解释。

第二十六条 本办法自发布之日起施行。

全国模范职工之家、全国模范职工小家、全国优秀工会工作者评选表彰管理办法

（2020 年 8 月 10 日）

第一章 总 则

第一条 为规范全国模范职工之家、全国模范职工小家、全国优秀工会工作者评选表彰工作，发挥先进典型的示范引领作用，根据《中华人民共和国工会法》《中国工会章程》及中华全国总工会关于加强职工之家建设的有关规定，结合工会工作实际，制定

本办法。

第二条 全国模范职工之家、全国模范职工小家、全国优秀工会工作者，是中华全国总工会设立的分别授予先进基层工会，基层工会下属先进工会或工会小组，基层工会优秀专兼职干部、专职社会化工会工作者和各级工会领导机关处级以下优秀工会干部的荣誉称号。

对积极参加基层工会活动的会员，可命名为全国优秀工会积极分子；对关心支持工会工作的厅局级以下党政领导干部、基层工会所在单位党政负责人，可命名为全国优秀工会之友。

第三条 评选表彰工作的指导思想是：深入贯彻落实习近平新时代中国特色社会主义思想，贯彻落实习近平总书记关于工人阶级和工会工作的重要论述特别是加强基层工会建设"三个着力"重要指示精神，增强基层工会政治性、先进性、群众性，激发基层工会活力，发挥基层工会作用，切实把工会建设成为职工群众信赖的"职工之家"，把工会干部培养成为职工群众信赖的"娘家人"。

第四条 评选表彰工作的原则是：

（一）坚持面向基层一线。评选对象突出工会基层组织、基层干部和一线职工，畅通基层工会和广大会员的参与渠道，着力夯实工会基层基础；

（二）坚持公开公平公正。保障评选表彰工作规范有序，保护调动会员积极性，确保表彰对象得到广大会员普遍认可，突出评选表彰的权威性；

（三）坚持会员主体地位。实行上级工会考察和职工群众评议相结合，充分尊重广大会员的知情权、参与权、表达权、监督权，真正让会员当主角；

（四）坚持高标准严要求。严格评选条件，做到优中选优，确保表彰对象的先进性，充分体现和发挥先进典型的引领性示范性；

（五）坚持动态监督管理。实行动态评估、跟踪监管，形成完备的闭环管理机制，做到能进能出，破除"一评终身制"，确保评选表彰的质量。

第二章　评选表彰范围和基本条件

第五条　全国模范职工之家从我国境内企业、事业单位、机关、社会团体和其他社会组织单独或联合建立的基层工会，乡镇（街道）、开发区（工业园区）、村（社区）工会，县级以下区域（行业）工会联合会中评选。

全国模范职工小家从基层工会下属的子公司（分公司）、分厂、车间（科室）、班组工会或工会小组中评选。

全国优秀工会工作者从基层工会专兼职干部、专职社会化工会工作者、各级工会领导机关处级以下干部中评选。

全国优秀工会积极分子从不脱离生产、工作岗位，热心从事工会工作的基层工会骨干会员和兼职工会干部中命名，一线职工数量不低于百分之六十，女性占适当比例。

全国优秀工会之友从给予工会工作关心支持的厅局级以下党政领导干部及企业、事业单位、社会团体（除工会外）和其他社会组织党政负责人中命名。

先进集体和个人，一般不重复评选表彰或命名。

第六条　全国模范职工之家一般从省级模范职工之家中产生，其基本条件是：

（一）认真贯彻习近平新时代中国特色社会主义思想，执行党的路线方针政策，遵守国家法律法规，践行社会主义核心价值观，加强职工思想政治引领，团结带领职工建功新时代；

（二）工会组织机构单独设立，工会委员会、经费审查委员会及女职工委员会等领导机构健全，工会劳动保护委员会、劳动法律监督委员会等工作机构完善，具备条件的工会依法取得社会团体法人资格，近三年职工（含农民工、劳务派遣工）入会率均在百分之九十以上；

（三）依法独立设立工会经费账户，及时足额拨缴工会经费，自主管理，规范使用；

（四）工会会员代表大会、民主选举、会务公开、会员评议职工之家等制度落实到位；

（五）有效落实以职工代表大会为基本形式的民主管理制度，依法实行厂务公开，开展集体协商签订集体合同，健全劳动争议调解组织，有效化解劳动纠纷，劳动关系和谐稳定；

（六）热忱服务职工群众，工会工作获得职工高度认可，近三年工会会员代表大会评议职工之家满意率均在百分之九十以上。

第七条 全国模范职工小家一般从省级模范职工小家中产生，其基本条件是：

（一）认真贯彻习近平新时代中国特色社会主义思想，执行党的路线方针政策，遵守国家法律法规，践行社会主义核心价值观，工会工作充满活力；

（二）子公司（分公司）、分厂、车间（科室）、班组工会或工会小组建设好，依法选举工会主席或小组长，具备条件的工会依法取得社会团体法人资格，近三年职工（含农民工、劳务派遣工）入会率均在百分之九十以上；

（三）子公司（分公司）、分厂、车间（科室）、班组民主管理好，依法实行厂务公开、会务公开，开展集体协商；

（四）子公司（分公司）、分厂、车间（科室）、班组完成生产、工作任务好，组织职工开展技术创新、劳动技能竞赛，团结带领职工建功立业；

（五）职工小家阵地建设好，活动场所和服务设施齐全，服务活动丰富，近三年工会会员代表大会评议职工之家满意率均在百分之九十以上。

第八条 全国优秀工会工作者一般从省级优秀工会工作者中产生，其基本条件是：

（一）认真学习贯彻习近平新时代中国特色社会主义思想，坚定走中国特色社会主义工会发展道路，以实际行动践行社会主义核心价值观；

（二）坚持原则，模范执行工会会员代表大会、民主选举、会务公开、会员评议职工之家等制度，积极推动落实以职工代表大会为基本形式的民主管理制度，推进厂务公开和集体协商，所在单位劳动关系和谐稳定；

（三）尽职尽责，热忱服务职工群众，切实维护职工合法权益，团结带领职工创新创效、建功立业，推动培育高素质职工队伍，受到职工广泛信赖；

（四）遵纪守法，廉洁自律，作风民主，密切联系职工群众，自觉接受批评监督，基层工会主席、副主席近三年的工会会员代表大会测评等次均为满意。

第九条 在优中选优的基础上，对工作成绩优异、贡献突出的全国模范职工之家、全国优秀工会工作者，分别授予全国模范职工之家红旗单位、全国优秀工会工作者标兵荣誉称号。

第十条 全国优秀工会积极分子的基本条件是：

（一）认真学习贯彻习近平新时代中国特色社会主义思想，坚定走中国特色社会主义工会发展道路，积极为党的工运事业做贡献；

（二）热爱集体，团结协作，爱岗敬业，甘于奉献，圆满完成生产、工作任务，发挥模范带头作用；

（三）积极参加工会活动，热忱服务职工群众，积极参与落实工会会员代表大会、民主选举、会务公开、会员评议职工之家等制度，推动落实以职工代表大会为基本形式的民主管理制度；

（四）遵纪守法，廉洁自律，密切联系职工群众，自觉接受批评监督。

第十一条 全国优秀工会之友的基本条件是：

（一）认真学习贯彻习近平新时代中国特色社会主义思想，拥护中国特色社会主义工会发展道路，尊重劳动，尊重职工主体地位，模范贯彻落实党的全心全意依靠工人阶级的根本方针；

（二）坚持以人民为中心的发展思想，重视提高职工队伍素质，积极解决职工群众困难，受到职工群众信赖；

（三）遵守《工会法》和劳动法律法规，重视支持所辖区域（行业）或本单位工会工作，把更多的资源手段赋予工会组织，积极落实协调劳动关系制度机制，支持工会依法自主管理、规范使用工会经费，为工会工作创造良好条件；

（四）廉洁自律，作风民主，密切联系职工群众，自觉接受批评监督。

第十二条 单位有下列情形之一的，该单位工会不得申报推荐为全国模范职工之家、全国模范职工小家：

（一）存在未全员签订劳动合同、拖欠职工工资、不按规定缴纳职工社会保险费等违反劳动法律法规行为的；

（二）近一年内发生过一般安全生产责任事故、三年内发生过重大安全生产责任事故，职业病危害严重，能源消耗超标、环境污染严重，存在重大安全隐患拒不整改的；

（三）劳动争议案件多发，近三年内因违反法律法规引发职工群体性事件的；

（四）近三年内未依法及时足额拨缴工会经费的；

（五）民主管理、集体协商、劳动争议调解等制度机制不落实的；

（六）有违法违纪行为受到处罚并在影响期之内，或正在被执法执纪部门调查处理的。

第十三条 基层工会有下列情形之一的，工会干部不得申报推荐为全国优秀工会工作者：

（一）工会组织和工作机构被随意撤销、合并或归属到党政部门的；

（二）工会不依法按期换届选举，具备条件而不依法进行工会法人资格登记的；

（三）不依法独立设立工会经费账户，或工会经费使用管理出现严重问题的；

（四）不推动落实职工代表大会、厂务公开制度，不进行集体协商签订集体合同的。

第三章　评选表彰周期和基本程序

第十四条 全国模范职工之家、全国模范职工小家、全国优秀工会工作者评选表彰每五年开展两次。一般在工会全国代表大会届中开展一次，在工会全国代表大会换届之年开展一次。在换届之年评选表彰中，可同时命名全国优秀工会积极分子、全国优秀工会之友。

评选表彰工作在中华全国总工会书记处领导下进行，中华全国总工会基层工作部负责具体实施。各省（区、市）总工会、各全国产业工会、中央和国家机关工会联合会负责推荐。新疆生产建设兵团总工会通过新疆维吾尔自治区总工会推荐。

第十五条 在评选表彰年度，中华全国总工会发布评选表彰通知，就评选表彰的项目、对象、条件、程序、名额分配、组织实施等作出具体要求，部署评选表彰工作。

第十六条　基层工会按推荐评选条件申报全国模范职工之家、全国模范职工小家、全国优秀工会工作者，推荐全国优秀工会积极分子、全国优秀工会之友。申报推荐集体和个人的，应通过基层工会会员大会或会员代表大会征求会员群众意见。本单位有党组织和纪检组织的，应征求党组织和纪检组织意见。推荐名单和事迹应在本单位进行不少于五个工作日的公示。

被推荐人选是党员领导干部或公职人员的，基层工会应按照干部管理权限，征求纪检监察机关和组织人事部门意见。

地市级以下地方工会、各产业工会在充分听取各方面意见的基础上，对申报推荐集体和个人进行审查通过后，逐级上报。

第十七条　各省（区、市）总工会、各全国产业工会、中央和国家机关工会联合会按照推荐评选条件进行审核把关。推荐集体和个人名单应经领导班子集体研究确定，并在省（区、市）工会报刊或网络媒体上进行不少于五个工作日的公示。公示后符合条件的，向中华全国总工会推荐。

第十八条　各省（区、市）总工会推荐的集体和个人中，来自非公有制单位的一般不少于推荐总数的二分之一。

第十九条　中华全国总工会基层工作部对各省（区、市）总工会、各全国产业工会、中央和国家机关工会联合会推荐材料进行审核。

对伪造材料或未按照推荐评选条件和规定程序推荐的集体和个人，经查实后撤销其评选资格，取消相应名额，不得递补或重报。

对符合条件的集体和个人，作为向中华全国总工会书记处提出拟表彰和命名的建议名单。

第二十条　拟表彰和命名的建议名单，经中华全国总工会书记处审议通过后，在《工人日报》或中工网上进行不少于五个工作日的公示，接受公众监督。

根据公示结果，最终确定表彰和命名名单。

第二十一条 对受表彰和命名的先进集体、先进个人，由中华全国总工会印发表彰决定，颁发证书、奖牌。

第四章 监督管理服务

第二十二条 各级工会对受表彰和命名的先进集体、先进个人实行动态监督管理服务。做好以下日常工作：

（一）完善评选管理机制，建立监督管理制度，制定和协调落实有关激励政策，指导督促提高工会工作水平；

（二）加强基础工作，建立健全管理档案，跟踪先进集体和个人所在单位的工会建设、劳动关系等情况，重大情况及时报告；

（三）宣传先进集体和个人的先进事迹，总结推广他们的典型经验，充分发挥其示范导向作用；

（四）根据推荐评选条件和实际工作要求，上级工会应加强对获得荣誉的集体和个人的复查，复查不合格的，按程序撤销荣誉称号、取消命名；

（五）关心全国优秀工会工作者、全国模范职工之家和职工小家工会主席、全国优秀工会积极分子、全国优秀工会之友的思想、工作和生活，帮助他们解决生产生活等困难，依法维护他们的合法权益；

（六）接受群众举报，调查核实有关情况，提出处理意见。

第二十三条 有下列情形之一的，可撤销全国模范职工之家、全国模范职工小家荣誉称号，收回证书和奖牌：

（一）弄虚作假，骗取荣誉的；

（二）工会组织和工作机构被随意撤销、合并或归属到党政部门的；

（三）工会不依法按期换届选举，不依法进行工会法人资格变更登记的；

（四）工会经费不依法足额拨缴或使用管理出现严重问题的；

（五）不推动落实职工代表大会、厂务公开制度，不进行集体协商签订集体合同的；

（六）所在单位发生重大安全生产责任事故或严重职业危害，工会未依法履行职责的；

（七）所在单位发生群体性事件，造成恶劣影响的；

（八）所在单位拖欠职工工资，不按规定缴纳职工养老、医疗、工伤、失业、生育等社会保险费，工会未依法履行职责的；

（九）工会会员代表大会评议职工之家不满意率连续两年超过百分之五十的；

（十）其他需要撤销的情形。

第二十四条 有下列情形之一的，可撤销全国优秀工会工作者荣誉称号，取消全国优秀工会积极分子、全国优秀工会之友命名，收回证书和奖牌：

（一）弄虚作假，骗取荣誉的；

（二）工作严重过失，经批评教育仍不改正的；

（三）存在道德败坏、腐化堕落等不良行为，造成恶劣社会影响的；

（四）受到党内严重警告以上处分，或受到记大过以上政务处分的；

（五）被依法追究刑事责任的；

（六）其他需要撤销、取消的情形。

第二十五条 基层工会主席、副主席除适用第二十四条规定情形外，另有下列情形之一的，可撤销全国优秀工会工作者荣誉称号，收回证书和奖牌：

（一）不履行职责或履行职责不到位，工会会员代表大会测评等次连续两年为不满意，或被依法罢免的；

（二）工会不依法按期换届选举，不依法进行工会法人资格变更登记的；

（三）工会经费不依法足额拨缴或使用管理出现严重问题的；

（四）不推动落实职工代表大会、厂务公开制度，不进行集体协商签订集体合同的；

（五）工会会员代表大会评议职工之家不满意率连续两年超过百分之五十的。

第二十六条 撤销全国模范职工之家、全国模范职工小家、全国优秀工会工作者荣誉称号，取消全国优秀工会积极分子、全国优秀工会之友命名，一般由原推荐单位逐级申请，经所在省（区、市）总工会、全国产业工会、中央和国家机关工会联合会同意后，向中华全国总工会基层工作部提出书面报告。

对核查属实的，向中华全国总工会书记处提出书面请示，经审核批准后，撤销荣誉称号、取消命名，收回证书和奖牌。

对查实具有本办法第二十三条、第二十四条、第二十五条规定情形的集体和个人，中华全国总工会书记处也可直接决定撤销荣誉称号、取消命名，收回证书和奖牌，并书面通报推荐单位。

第二十七条 受表彰的基层工会所在单位破产、终止或撤销的，上一级工会应及时收回证书和奖牌，并逐级上报。

第二十八条 县级以上地方工会、各产业工会可对受表彰的先进集体进行工作经费补助，不对受表彰和命名的先进个人进行物质奖励或设置待遇。

基层工会可对其下属工会中受表彰的先进集体进行一定的工作经费补助。经会员代表大会审议通过后，基层工会也可对受表彰和命名的先进个人进行一定的物质奖励。

工作经费补助、物质奖励应符合工会经费支出有关规定。

第五章 附 则

第二十九条 各省（区、市）总工会、各全国产业工会可参照本办法制定本地区、本产业评选表彰实施办法，但不得与本办法相抵触。

第三十条 本办法由中华全国总工会负责解释。

第三十一条 本办法自发布之日起施行。

五、劳动保护规定

工会劳动保护工作责任制（试行）

(2005年6月22日)

为了履行工会在国家安全生产工作格局中的"群众监督参与"职责，进一步规范和推动工会劳动保护工作，维护职工的安全健康合法权益，根据《工会法》、《安全生产法》、《职业病防治法》等法律法规，制订本责任制。

一、职工在生产过程中的安全健康是职工合法权益的重要内容。各级工会组织必须贯彻"安全第一，预防为主"的方针，坚持"预防为主，群防群治，群专结合，依法监督"的原则，依据国家有关法律法规的规定，履行法律赋予工会组织的权利与义务，独立自主、认真负责地开展群众性劳动保护监督检查活动，切实维护职工安全健康合法权益。

二、各级地方总工会主席对本地区工会劳动保护工作负全面领导责任；分管副主席负直接领导责任；劳动保护部门负直接责任，履行以下职责：

1. 监督和协助政府有关部门以及企业贯彻执行国家有关劳动安全卫生政策、法律法规和标准。

2. 开展调查研究，听取职工群众的意见建议和工会劳动保护工作汇报，研究安全生产方面存在的重大问题，提出解决问题的意见或建议。

3. 独立或会同有关部门进行安全生产检查，促进企业不断改善劳动条件。对于重大事故隐患和严重职业危害应当实行建档备查，发放隐患整改通知书，并跟踪督促企业整改；对拒绝整改的，应及时报告上级工会及有关部门进行处理。

4. 参加生产性建设工程项目"三同时"的审查验收工作，对不符合"三同时"规定的，向有关方面提出存在问题及解决的建议。对劳动条件和安全卫生设施不符合国家标准或行业标准的，不予签字。

5. 按照国家伤亡事故和严重职业危害调查处理的有关规定，相应的地方总工会派员参加伤亡事故和严重职业危害的调查处理。

6. 指导企业工会开展"安康杯"竞赛等群众性劳动保护活动，总结推广群众性劳动保护监督检查的先进经验。

7. 在评选先进和劳动模范中，对发生重特大死亡事故或存在严重职业危害的企业和负有责任的个人，提出意见，落实一票否决权。

三、各级地方总工会应建立负责劳动保护的工作机构，配备劳动保护专兼职干部，为劳动保护部门提供必要的经费、设备、交通和通讯工具。

四、企业工会主席对企业工会劳动保护工作负全面领导责任；分管副主席负直接领导责任；劳动保护部门（或专兼职人员）负直接责任，履行以下职责：

1. 建立健全群众性劳动保护监督检查组织网络。

2. 听取工会劳动保护工作汇报和职工群众的意见，研究解决工会劳动保护工作的重大问题，指导工会劳动保护工作的开展。

3. 监督和协助企业贯彻落实国家有关劳动安全卫生法律法规和标准。参与企业安全生产责任制、劳动安全卫生规章制度、生产安全事故应急救援预案的制定和修改工作。

4. 参与集体合同中有关劳动安全卫生条款的协商与制定，督促合同相关内容的落实。

5. 参加本企业生产性建设工程项目"三同时"审查验收工作和伤亡事故的调查处理，按规定上报伤亡事故。

6. 独立或会同企业行政开展安全检查。对查出的问题要及时督促企业整改；对重大事故隐患和职业危害要建立档案，并跟踪监督整改；对本企业无法解决的重大隐患向上一级工会反映。

7. 组织职工开展"安康杯"竞赛等群众性安全生产活动。

8. 宣传职工在劳动安全卫生方面享有的权利与义务，教育职工遵章守纪，协助企业行政搞好安全教育培训，提高职工的安全意识和自我保护能力。

9. 密切关注生产过程中危及职工安全健康的问题。坚决制止违章指挥、强令工人冒险作业，遇到明显重大事故隐患或职业危害，危及职工生命安全时，应代表职工立即向企业行政或现场指挥人员提出停产解决的建议。

五、企业工会在履行维护职工安全健康合法权益遇到障碍、阻力，以至影响正常开展工作时，应当及时向上一级工会反映，上一级工会应给予支持和帮助。

六、上级工会在参加重特大伤亡事故和严重职业病危害事故调查时，发现下级工会有关人员没有履行工会劳动保护职责并导致严重后果的，应进行调查，提出处理建议。

七、上级工会应对下级工会执行本责任制的情况进行监督检查。对认真履行职责，做出突出成绩的给予表彰奖励；对未能履行职责的，给予批评教育，并督促其改正。

八、乡镇、街道基层工会联合会，可以参照地方总工会的责任执行。

工会法律援助办法

(2008年8月11日 总工发〔2008〕52号)

第一章 总 则

第一条 为履行维护职工合法权益基本职责,规范工会法律援助工作,发展和谐劳动关系,根据《中华人民共和国工会法》、《中华人民共和国劳动法》、《法律援助条例》和《中国工会章程》,制定本办法。

第二条 工会建立法律援助制度,为合法权益受到侵害的职工、工会工作者和工会组织提供无偿法律服务。

工会法律援助是政府法律援助的必要补充。

第三条 工会建立法律援助异地协作制度,省际、城际间工会组织及其法律援助机构可以互相委托,协助办理相关法律援助事项。

第四条 全国总工会法律工作部指导、协调全国工会法律援助工作。县级以上地方工会法律工作部门指导、协调本地区工会法律援助工作。

工会法律援助工作接受司法行政机关的业务指导。

第五条 对在工会法律援助工作中作出突出贡献的工会法律援助组织和人员,县级以上总工会和产业工会应在工会系统内部或会同司法行政等部门予以表彰、奖励。

第二章 机构和人员

第六条 县级以上地方工会和具备条件的地方产业工会设立法律援助机构,在同级工会领导下开展工作。

地方工会可以与司法行政部门协作成立工会（职工）法律援助工作站，也可以与律师事务所等机构合作，签订职工法律援助服务协议。工会设立法律援助机构应当符合有关法律、法规的规定。

第七条 工会法律援助机构可以单独设立也可以与困难职工帮扶中心合署办公，法律援助机构负责人及相关管理人员由同级工会委派或者聘任。

法律援助工作人员可以从下列人员中聘请：

（一）工会公职律师、专兼职劳动争议调解员、劳动保障法律监督员等工会法律工作者。

（二）法律专家、学者、律师等社会法律工作者。

第三章 范围和条件

第八条 工会法律援助的范围：

（一）劳动争议案件；

（二）因劳动权益涉及的职工人身权、民主权、财产权受到侵犯的案件；

（三）工会工作者因履行职责合法权益受到侵犯的案件；

（四）工会组织合法权益受到侵犯的案件；

（五）工会认为需要提供法律援助的其他事项。

第九条 工会法律援助的形式：

（一）普及法律知识；

（二）提供法律咨询；

（三）代写法律文书；

（四）参与协商、调解；

（五）仲裁、诉讼代理；

（六）其他法律援助形式。

第十条 职工符合下列条件之一的,可以向工会法律援助机构申请委托代理法律援助:

(一)为保障自身合法权益需要工会法律援助,且本人及其家庭经济状况符合当地工会提供法律援助的经济困难标准。

(二)未达到工会提供法律援助的经济困难标准,但有证据证明本人合法权益被严重侵害,需要工会提供法律援助的。

农民工因请求支付劳动报酬或者工伤赔偿申请法律援助的,不受本办法规定的经济困难条件的限制。

第四章 申请和承办

第十一条 职工申请法律援助应当向劳动合同履行地或者用人单位所在地的工会法律援助机构提出。

工会工作者和工会组织申请工会法律援助应当向侵权行为地或者用人单位所在地的工会法律援助机构提出。

第十二条 职工申请工会法律援助机构代理劳动争议仲裁、诉讼等法律服务,应当以书面形式提出,并提交下列材料:

(一)身份证、工作证或者有关身份证明;

(二)所在单位工会或者地方工会(含乡镇、街道、开发区等工会)出具的申请人经济困难状况的证明;

(三)与法律援助事项相关的材料;

(四)工会法律援助机构认为需要提供的其他材料。

提交书面申请确有困难的,可以口头申请。工会法律援助机构应当当场记录申请人基本情况、申请事项、理由和时间,并经本人签字。

第十三条 工会工作者、工会组织申请工会法律援助机构参与协商、调解,代理仲裁、诉讼等法律服务,应当以书面形式提出,并分别提交下列材料:

（一）工会工作者所在单位工会或者工会组织所在地方工会出具的情况证明或说明；

（二）与法律援助事项相关的材料；

（三）工会法律援助机构认为需要提供的其他材料。

第十四条 工会法律援助机构自收到申请之日起7日内按规定的条件进行审查。对符合条件的，由工会法律援助机构负责人签署意见，作出同意提供法律援助的书面决定，指派法律援助承办人员，并通知申请人。

对申请人提交的证件、证明材料不齐全的，应当要求申请人作出必要的补充或者说明，申请人未按要求作出补充或者说明的，视为撤销申请。

对不符合条件的，作出不予提供法律援助的决定，以口头或者书面形式通知申请人。

第十五条 工会法律援助机构对法律咨询、代写法律文书等法律服务事项，应当即时办理；复杂疑难的可以预约择时办理。

第十六条 法律援助承办人员接受工会法律援助机构的管理和监督，依法承办法律援助机构指定的援助事项，维护受援人合法权益。

第十七条 法律援助承办人员在援助事项结案后，应当向工会法律援助机构提交结案报告。

第十八条 法律援助事项结案后，工会法律援助机构应当按规定向承办人员支付法律援助办案补贴。补贴标准由县级以上地方工会根据本地实际情况确定。

第十九条 法律援助承办人员接受指派后，无正当理由不得拒绝、延迟或者中止、终止办理指定事项。

第二十条 法律援助承办人员未按规定程序批准，不得以工会法律援助机构名义承办案件。

第二十一条　法律援助承办人员应当遵守职业道德和执业纪律，不得收取受援人任何财物。

第五章　资金来源和管理

第二十二条　工会法律援助工作经费主要用于工会法律援助机构的办公、办案经费。县级以上地方工会应当将工会法律援助工作经费列入本级工会经费预算，并依据国家和工会财务制度的有关规定，制定相应管理办法。

第二十三条　对困难职工的法律援助补助资金，从工会困难职工帮扶中心专项资金中列支，管理和使用应当遵守《困难职工帮扶中心专项资金管理办法》的有关规定。

第二十四条　工会法律援助工作经费、对困难职工法律援助的补助资金，接受上级和本级工会财务、经审、法律、保障部门的监督检查。

第六章　附　　则

第二十五条　各省、自治区、直辖市总工会可以根据本办法，结合本地实际，制定具体规定。

铁路、金融、民航、新疆生产建设兵团工会可以参照本办法执行。

第二十六条　本办法由全国总工会负责解释。

第二十七条　本办法自发布之日起执行。

工会送温暖资金使用管理办法（试行）

（2018年12月21日　总工发〔2018〕39号）

第一章　总　　则

第一条　为加强工会联系广泛、服务职工功能，把党和政府的关心关怀与工会组织的温暖送到广大职工心坎上，进一步开展好工会送温暖活动，提高资金使用效益，实现送温暖常态化、经常化、日常化，依据财政部和全国总工会有关制度文件，制定本办法。

第二条　送温暖资金是各级工会认真履行维护职工合法权益、竭诚服务职工群众的基本职责，筹集社会各方面资源，对职工开展帮扶困难、走访慰问的资金。

第三条　送温暖资金坚持资金使用规范、精准、高效、安全原则，支出方向既体现物质帮扶、脱贫解困，又体现人文关怀、心灵引导。

第四条　加强送温暖资金与困难职工帮扶资金在对象、标准、管理等方面有效衔接，形成层次清晰、各有侧重的梯度帮扶格局。困难职工帮扶资金重点保障深度困难职工家庭生活、帮助建档困难职工家庭解困脱困；送温暖资金突出对职工走访慰问，体现工会组织对职工的关心关爱。

第二章　资金的来源、使用对象及标准

第五条　送温暖资金的主要来源是：

1. 各级财政拨款。是指各级财政拨付工会使用的用于送温暖活动的专项资金。

2. 上级工会经费补助。是指上级工会用工会经费安排给下级工会用于送温暖活动的专项资金。

3. 本级工会经费列支。是指各级工会在本级工会经费预算中安排的用于送温暖活动的专项资金。

4. 社会捐助资金。是指各级工会向社会募集的用于送温暖活动的资金。

5. 行政拨付。是指基层工会所在单位用行政经费、福利费等通过工会开展送温暖活动的资金。

6. 其他合法来源。

第六条 送温暖资金的使用对象：

1. 因非个人意愿下岗失业、家庭收入水平明显偏低、子女教育费用负担过重等原因造成家庭生活困难的职工。

2. 本人或家庭成员因患大病、遭受各类灾害或突发意外等情况造成生活困难的职工。

3. 关停并转等困难企业中，因停发、减发工资而导致生活相对困难的职工。

4. 工伤与职业病致残的职工和因公牺牲职工的家属；因重大疾病手术、住院的职工。

5. 长期在高（低）温、高空、有毒有害等环境中和苦脏累险艰苦行业岗位上工作的一线职工。

6. 重大灾害期间坚守抗灾一线的职工；春节期间坚守在生产一线和交通运输、电力、环卫以及直接面向群众服务的基层岗位干部职工；因组织需要长期异地工作或者服从组织需要赴外地、基层工作的派驻挂职干部职工；在重大项目和重大工程中做出突出贡献的职工；生产一线涌现出来的先进模范人物。

第七条 各级工会在对建档困难职工做好常态化帮扶、帮助其解困脱困的基础上，在职工发生困难时或重要时间节点对以上职工走访慰问。各级工会要根据实际情况确定走访慰问重点职工群体，并适当考虑关心关爱生活困难的离休、退休的会员。要结合当地居民生活水平和物价指数等因素，科学合理制定慰问标准。

第八条 走访慰问职工要坚持实名制发放，实名制表应包括慰问对象的工作单位、基本情况、联系方式、身份证号、慰问金额、经办人签字等有关信息。资金使用情况须录入工会帮扶工作管理系统送温暖管理模块备查。

第三章 资金的管理

第九条 送温暖资金按照本办法规定管理使用，其中财政专项帮扶资金使用于两节期间慰问困难职工的，应同时遵照帮扶资金管理相关规定执行。

第十条 工会权益保障部门会同财务部门提出资金的分配和使用方案，经同级工会领导集体研究通过后实施。

第十一条 送温暖资金纳入各级工会预算、决算统一管理。各级工会年度预算安排时以常态化送温暖为原则，切实保证经费投入。各级工会要拓宽资金筹集渠道，积极争取政府财政支持，探索与慈善组织合作方式，撬动更多的社会资源参与送温暖活动。

第十二条 送温暖资金按照《工会会计制度》设置会计科目、进行会计核算，严格执行资金审批和财务支付制度。

第十三条 送温暖资金实行绩效管理，省级工会应当运用好绩效评价结果，并将其作为改进送温暖工作和安排以后年度预算的重要依据。

第四章 监督检查

第十四条 各级工会权益保障、财务、经审部门要加大对资金使用管理情况的监督检查，及时发现和纠正存在的问题。经审部门要将送温暖资金纳入年度审计范围。接受政府有关部门审计、检查，接受职工群众和社会的监督。

第十五条　任何单位或个人不得使用送温暖资金购买明令禁止的物品，不得发放津补贴、奖金、福利，不得用于与规定用途无关的其他事项。不得截留、挪用、冒领，不得优亲厚友、人情帮扶。

第十六条　各级工会对监督检查中发现违反有关规定的问题，要及时处理。违规问题情节较轻的，要限期整改；涉及违纪的，由纪检监察部门依照有关规定，追究直接责任人和相关领导责任；构成犯罪的，依法移交司法机关处理。

第五章　附　　则

第十七条　各省级工会应根据本办法的规定，结合本地区、本产业和本系统工作实际，制定具体实施细则，细化支出范围，明确开支标准，确定审批权限，规范活动开展。各省级工会制定的实施细则须报全国总工会备案。省以下各级工会制定的实施细则须报上一级工会备案。

第十八条　本办法自下发之日起执行，《中华全国总工会送温暖工程资金管理使用办法》（总工发〔2006〕54号）同时废止。

第十九条　本办法由全国总工会权益保障部、财务部负责解释。

六、其他规定

中华全国总工会、民政部、人力资源社会保障部关于加强工会社会工作专业人才队伍建设的指导意见

（2016年12月5日）

各省、自治区、直辖市总工会、民政厅（局）、人力资源社会保障厅（局）：

为深入贯彻中央党的群团工作会议精神和中共中央《关于深化人才发展体制机制改革的意见》精神，贯彻落实中央组织部、民政部、全国总工会等18个部门和组织《关于加强社会工作专业人才队伍建设的意见》，落实工会系统改革创新的要求，更好地联系服务职工、维护职工合法权益，满足职工群众多样化的社会服务需求，为构建和谐劳动关系提供有力的人才支撑，现就加强工会社会工作专业人才队伍建设提出以下意见。

一、加强工会社会工作专业人才队伍建设的重大意义

工会社会工作专业人才是指具有一定的社会工作专业理念、知识和技能，面向广大职工提供工会组建、权益维护、争议调处、困难帮扶、教育引导、人文关怀、职业发展等方面社会服务的专门人员，是国家社会工作专业人才队伍的重要组成部分。

随着社会主义市场经济的深入发展，我国职工队伍总量不断扩大，企业组织形式、职工队伍结构和劳动关系等方面都发生了

深刻变化。广大职工对工会普惠服务、维护合法权益、实现体面劳动和全面发展等社会服务的需求日益增长，工会社会工作任务日益繁重。近年来，各级工会探索选聘了社会化工会工作者、专职集体协商指导员等多种形式的工会社会工作人员，在面向职工的社会服务中发挥了重要作用。但总的看，工会社会工作人员队伍仍存在数量短缺、专业性不足、服务能力不强、流动性较大等问题，难以适应新形势新任务的要求。建设一支高素质的工会社会工作专业人才队伍，对于推动工会工作改革创新、提高服务职工群众的能力水平、构建和谐劳动关系具有重要的作用。要进一步增强责任感和紧迫感，加强调查研究，采取有效措施，切实加强工会社会工作专业人才队伍建设。

二、加强工会社会工作专业人才队伍建设的指导思想、工作原则和工作目标

（一）指导思想。全面贯彻党的十八大和十八届三中、四中、五中、六中全会精神，深入贯彻习近平总书记系列重要讲话精神，贯彻落实中央党的群团工作会议精神，接长工作手臂，拓展服务链条，建设一支高素质的工会社会工作专业人才队伍，发挥社会工作专业优势，有效满足职工发展需要，促进劳动关系和谐稳定，团结动员广大职工为实现"两个一百年"奋斗目标、实现中华民族伟大复兴的中国梦而努力奋斗。

（二）工作原则。

1. 坚持党管人才。建立党委领导、政府支持、工会运作、社会参与的工作格局，将工会社会工作专业人才队伍建设纳入国家社会工作专业人才队伍体系，确保工会社会工作专业人才队伍建设的正确政治方向。

2. 坚持立足基层。按照社会化运作、契约化管理、专业化培训、职业化发展的要求，推动工会社会工作专业人才在基层合理配置，引导职工社会服务资源向基层倾斜。把满足职工社会服务需求作为工会社会工作专业人才队伍建设的出发点和落脚点，用职工满意度检验工作成效。

3. 坚持突出重点。整合、优化、提升、发展现有的工会工作者队伍，培育工会社会工作骨干人才。着力解决岗位开发设置、人才评价激励和教育培训等方面的问题，优先开发服务职工急需的专业人才。

4. 坚持分类推进。根据各地企业、职工队伍和劳动关系情况、职工服务类社会组织发展状况、工会人才队伍建设和保障现状，因地制宜、分类有序地推进工会社会工作专业人才队伍建设。

（三）工作目标。建立健全工会社会工作专业人才队伍建设管理机制，推进工会社会工作专业人才队伍规范化建设。建立完善工会社会工作专业人才信息库，实现工会社会工作专业人才管理服务信息化、规范化。充分发挥现有工会企事业单位服务职工的社会工作职能。引导发展一批职工服务类社会组织，培育孵化一批工会作为业务主管单位并积极吸纳社会工作专业人才的职工服务类社会组织。建立一支政治合格、结构合理、作风过硬、心系职工、素质优良的工会社会工作专业人才队伍，到2020年力争达到20万人。

三、明确工会社会工作专业人才队伍的人员构成和工作内容

（一）人员构成。工会社会工作专业人才包括具备工会社会工作专业素质能力的工会机关、工会企事业单位人员，工会通过购买岗位和购买服务等方式使用的具备工会社会工作专业素质能力的人员。以购买方式使用的人员原则上由市、县工会统筹配置。

1. 工会直接聘用人员。工会通过公开招聘人员等方式聘用的社会工作专业人才。

2. 工会购买服务人员。工会（含基层工会）面向具有专业资

质的社会组织（包括工会培育孵化的职工服务类社会组织）购买职工社会服务，由社会组织聘用并向工会提供服务的社会工作专业人才。

（二）工作内容。工会社会工作专业人才要有机融合工会工作与社会工作两者的专业理念方法，发挥工会工作和社会工作的两种专业优势，做好服务职工工作，更好地协调劳动关系，满足职工和企业发展需要。

1. 帮助指导职工依法组织和参加工会，维护职工队伍和工会组织团结统一；帮助指导职工签订劳动合同、开展集体协商、参与企事业单位民主管理，维护职工的劳动经济权益和民主权利。

2. 向职工普及劳动法律知识和政策法规，为职工提供法律援助，接受职工委托参与劳动争议案件的协商和调解，代理劳动仲裁和诉讼。

3. 促进企事业单位不断改善劳动条件，加强劳动保护，支持和帮助职工预防和治疗职业病，维护职工劳动安全、休息休假和职业健康权益以及女职工的特殊劳动保护权益；协调推进职工后勤保障服务，提高职工生活保障水平。

4. 了解困难职工及其家庭基本生活情况，开展困难帮扶工作，促进困难职工解困脱困；协助政府部门为职工特别是下岗、失业人员提供职业介绍、转岗安置、社会保障、创业扶持、职业培训等服务，帮助职工规划职业发展等。

5. 掌握职工思想动态，反映职工诉求，开展人文关怀和心理疏导，提高职工心理适应能力，结合实际做好释疑解惑、化解矛盾等工作。

6. 运用信息化手段，开展"互联网+"工会普惠性服务。

7. 提供新市民培训，提高农民工融入城镇能力，满足职工特别是农民工需求的其他社会服务。

四、加强工会社会工作专业人才队伍的岗位开发设置和机构建设

（一）开发和设置工会社会工作岗位的工作要求。工会面向职工提供社会服务的岗位，可明确为工会社会工作专业岗位。工会要通过增设、调整岗位等方式，开发设置工会社会工作专业岗位，纳入专业技术岗位管理范围，明确工会社会工作岗位的专业性及其职责任务，建立相应的工会社会工作岗位等级体系，拓宽工会社会工作专业人才的职业发展空间。实行工会社会工作专业技术岗位聘用与社会工作者职业水平评价制度相衔接，规范工会社会工作岗位聘用。

（二）开发和设置工会社会工作岗位的具体范围。工会要根据工作需要，特别是工作范围内的企业和职工的数量、结构和集聚状态以及劳动关系状况等，积极吸纳工会社会工作专业人才。主要在以下组织和机构开发设置岗位、配备使用人才。

1. 街道（乡镇）、开发区（工业园区）工会。职工 2000 人以下的，可配备 1 名工会社会工作专业人才；职工 2000 人以上的，每 3000 人可配备 1 名工会社会工作专业人才。加大力度开发设置工会社会工作岗位、配备使用工会社会工作专业人才。

2. 城乡社区工会、区域（行业）性基层工会联合会、企事业单位工会。推动工会社会工作专业人才配备向基层延伸，企业和职工较多的城乡社区工会、区域（行业）性基层工会联合会，规模较大的企事业单位工会，要创造条件开发设置工会社会工作岗位、配备使用工会社会工作专业人才。

3. 职工帮扶（服务）中心（站点）、职工法律援助机构、12351 职工服务热线以及其他工会企事业单位等工会服务职工工作机构。加大配备使用工会社会工作专业人才力度，提高此类人才所占比例，可将工会社会工作专业岗位作为主体专业技术岗位。

4. 其他职工服务类社会组织。引导其积极开发设置工会社会工作岗位、配备使用工会社会工作专业人才，提高此类人才所占比例，确保人才专业能力素质适应工作要求。

（三）加强职工服务类社会组织建设。认真贯彻落实中共中央办公厅《关于加强社会组织党的建设工作的意见（试行）》和中共中央办公厅、国务院办公厅《关于改革社会组织管理制度促进社会组织健康有序发展的意见》精神，加强职工服务类社会组织党的建设，充分发挥党组织在社会组织中的政治核心作用。加强对职工服务类社会组织的政治引领、示范带动和联系服务，积极培育孵化工会直接领导的职工服务类社会组织，有效发挥工会社会工作专业人才作用。依法推动各类社会组织建立单独的工会委员会或组建联合基层工会，扩大工会工作有效覆盖。民政部门要加强对职工服务类社会组织的管理监督和指导服务，提高其服务能力。符合条件的职工服务类社会组织，按照国家有关规定享受相关税收优惠政策。将职工服务类社会组织纳入有关表彰奖励推荐范围。

五、加大工会社会工作专业人才保障激励和培养评价力度

（一）建立工会社会工作专业人才薪酬保障机制。工会要会同民政部门、人力资源社会保障部门，根据经济社会发展总体情况和其他社会工作者队伍薪酬水平，制定并适时调整工会社会工作专业人才薪酬指导标准。属于机关、事业单位正式工作人员的工会社会工作专业人才，按国家有关规定执行相应的工资收入分配制度；签订劳动合同的工会社会工作专业人才，由用人单位综合职业水平等级、学历、资历、业绩、岗位等指标并参考相应岗位等级专业技术人员合理确定薪酬标准和增长机制，同时按照国家有关规定办理社会保险和公积金。购买职工社会服务，要按照不低于薪酬标准编制、核定成本预算，确保购买服务经费足额支付人员薪酬。

（二）建立工会社会工作专业人才评价激励制度。工会要会同民政部门、人力资源社会保障部门将工会社会工作专业人才纳入全国社会工作专业人才评价体系。鼓励工会工作专业人才参加全国社会工作者职业水平考试，将取得国家社会工作者水平评价类职业资格证书的工会社会工作专业人才纳入专业技术人员管理范围，实行国家社会工作者水平评价类职业资格与相应系列专业技术职务评聘相衔接，通过考试取得国家社会工作者职业资格证书人员，可根据工作需要，聘用（任）相应级别专业技术职务。工会可根据需要进行工会社会工作实务能力考核，将工会社会工作实务能力作为工会社会工作专业人才聘用的重要参考。工会要根据工会社会工作岗位职责规范和考核评估标准，定期对工会社会工作专业人才履行职责、学习进修、职业发展等情况进行考核评估，考核结果作为工会社会工作专业人才是否提升岗位等级、提高待遇、续聘合同的主要依据。各级工会招录时，具有工会社会工作经历的，在同等条件下优先录用。鼓励各级工会机关依法依规吸纳以劳动合同形式聘用的工会社会工作专业人才担任（兼任）有关职务，参加企业职工社会保险，按规定缴纳社会保险费、享受社会保险待遇。通过双向挂职、短期工作、项目合作等多种形式，鼓励引导工会社会工作专业人才向急需紧缺地区和行业流动。拓展工会社会工作专业人才参政议政渠道，对政治坚定、业绩突出、职工认可的优秀工会社会工作专业人才，按照国家有关规定予以表彰奖励。

（三）构建工会社会工作专业人才培养体系。工会要推动所属高等院校设置工会社会工作专业课程，加强工会社会工作实训，扩大工会社会工作教育规模。加大工会社会工作在工会机关干部、事业单位人员和聘用人员教育培训中的比重。民政部门要加强对工会社会工作专业人才培训的支持力度。依托国家社会工作专业人才培训基地、大专院校等，对工会社会工作专业人才开展培训。加强继续教育，定期对取得社会工作职业水平证书的工会工作者开展专业培训。建立完善在职培训机制，有计划、分层次地对实际从事职工社会服务的在职人员进行培训。加强工会积极分子和服务职工志愿者队伍建设，建立与工会社会工作者的服务协同机制，充分发挥工会社会工作者的专业优势，调动广大工会积极分子和服务职工志愿者规范有序参与工会社会工作服务，壮大工会社会工作服务力量。积极吸纳符合条件的工会积极分子和职工服务志愿者进入工会社会工作专业岗位。

六、加强工会社会工作专业人才队伍建设的工作要求

（一）形成工作合力。按照党委组织部门牵头抓总、工会组织统筹实施、民政部门和人力资源社会保障等有关部门支持配合、社会力量广泛参与职工社会服务的要求，合力推进工会社会工作专业人才队伍建设，解决经费保障、岗位开发设置、人才评价和教育培训等瓶颈问题，使这支人才队伍成为团结职工、巩固阵地、化解矛盾、凝聚人心的重要力量。工会组织、民政部门和人力资源社会保障部门要在党委组织部门宏观指导下抓好工会社会工作专业人才队伍建设综合协调工作。工会组织要科学开发设置社会工作岗位，合理编制、认真实施录用（聘用）计划，强化日常管理和激励机制建设。对现有的工会工作者，按照专业化、职业化要求实施人员整合、素质提升。暂不具备独立开发、管理人才资源条件的地方工会，可以与党政部门共建社会工作专业人才队伍，共同开展工作。民政部门要切实履行好推进社会工作专业人才队伍建设的有关职能，着重在工会社会工作专业人才激励保障、能力评价、教育培训及职工服务类社会组织建设和政府购买职工社会服务等方面加大支持力度。人力资源社会保障部门要做好社工作专业岗位开发设置及配套措施的实施与保障。

（二）加大资金投入。争取支持，建立健全工会经费和社会资金等共同参与的多元化投入机制，建立可靠的职工社会服务和工会社会工作专业人才队伍建设经费保障机制。各级工会要切实加大投入，将工会经费更多地向基层倾斜，向职工社会服务和工会社会工作专业人才队伍建设倾斜。坚持和完善各级地方工会分级负担聘用工会社会工作专业人才薪酬制度。

（三）强化宣传引导。深入开展工会社会工作专业人才理论和实践研究，探索工会社会工作专业人才资源开发与配置规律。及时总结提炼、交流推广各地、各相关部门加强工会社会工作专业人才队伍建设的经验和举措，探索完善符合我国国情和发展需要的工会社会工作专业人才队伍建设思路和模式。注重运用各类媒体特别是新媒体，积极宣传加强工会社会工作专业人才队伍建设的方针政策，培育树立先进典型，形成发展职工社会服务、加强工会社会工作专业人才队伍建设的良好社会氛围，不断提高工会社会工作专业人才的社会认同度，发展具有中国特色的工会社会工作专业人才队伍和工会社会工作事业。

中华全国总工会关于加强乡镇（街道）工会建设的若干意见

（2019年12月27日）

为深入贯彻党中央的决策部署，贯彻党的十九大和十九届二中、三中、四中全会精神，落实中国工会十七大要求，推动工会改革创新举措在基层落地见效，夯实工会基层基础，现就加强乡镇（街道）工会建设提出如下意见。

一、**明确指导思想**。坚持以习近平新时代中国特色社会主义思想为指导，深入学习贯彻习近平总书记关于工人阶级和工会工作的重要论述，紧紧围绕保持和增强工会组织政治性、先进性、群众性这条主线，以促进区域经济高质量发展、加强和创新基层社会治理为中心任务，以维护职工合法权益、竭诚服务职工群众为基本职责，完善工会组织体系、扩大工会组织覆盖，优化运行机制、激发基层活力，充分发挥乡镇（街道）工会组织的重要作用。

二、**主要工作职责**。乡镇（街道）工会在同级党（工）委和上级工会领导下，依据《中华人民共和国工会法》和《中国工会章程》独立自主地开展工作。主要是：积极推动企事业单位依法建立工会组织，广泛吸收职工入会；加强职工思想政治引领；深化劳动和技能竞赛；维护职工合法权益，指导开展集体协商、签订集体合同，健全以职工代表大会为基本形式的企事业单位民主管理制度，健全协调劳动关系机制；推动落实职工福利待遇，开展困难职工帮扶，建设职工信赖的"职工之家"。

三、**规范组织形式**。乡镇（街道）工会组织应依据《中华人民共和国工会法》和《中国工会章程》建立，不得随意撤销、合并，具备法人条件的，依法取得社会团体法人资格。

乡镇（街道）工会组织形式有工会委员会、工会联合会和总工会。乡镇（街道）工会委员会由会员（代表）大会选举产生。乡镇（街道）工会联合会委员会可以由会员（代表）大会选举产生，也可以按照联合制、代表制原则，由下一级工会组织民主选举的主要负责人和适当比例的有关方面代表组成。乡镇（街道）辖区内有企业100家以上、职工5000人以上，能够配备专职工会主席（副主席）和专职工作人员的，可以建立乡镇（街道）总工会，其委员会换届和选举工作参照《关于地方工会召开代表大会及组成工会委员会、经费审查委员会的若干规定》执行。建立乡镇（街道）工会组织，应同时建立经费审查委员会和女职工委员会。

乡镇（街道）工会领导辖区内有隶属关系的各类基层工会组织（含区域性、行业性工会联合会）。

根据工作需要，县（市、区）总工会可以在不具备建立工会组织条件的乡镇（街道）设派出代表机关，即乡镇（街道）工会工作委员会。

四、健全制度机制。推动乡镇（街道）工会建设纳入党建带工建机制，推动建立乡镇（街道）党（工）委定期听取工会工作汇报、乡镇（街道）工会主席列席党（工）委有关会议制度，落实重大事项向乡镇（街道）党（工）委和上级工会请示报告制度。健全乡镇（街道）工会（会员）代表大会、委员（常委）会议、工作例会等制度；落实基层工会会员代表大会代表常任制，充分发挥会员代表、委员的作用。探索建立乡镇（街道）工会工作权责清单，健全工作评价制度。

五、强化干部配备。县级以上地方工会应与党委组织部门、编制部门协商，推动把乡镇（街道）工会干部纳入编制内统筹解决，纳入各级党委组织人事工作总体安排进行培养、使用，推动落实工会党员负责人作为同级党（工）委委员候选人提名人选制度。在推荐乡镇（街道）工会主席、副主席人选时，上级工会应积极争取工会主席按党政同级副职配备，专职副主席按中层正职配备。优化乡镇（街道）工会干部队伍结构，保持任期内相对稳定。建立乡镇（街道）总工会的，应设立专职主席（或副主席）和专职工作人员。积极推动乡镇（街道）党（工）委副书记兼任总工会主席。通过"专兼挂"等方式配强乡镇（街道）工会领导班子成员，充分发挥兼职、挂职副主席作用。

六、建设社会化工会工作者队伍。落实《中华全国总工会 民政部 人力资源社会保障部关于加强工会社会工作专业人才队伍建设的指导意见》，巩固发展社会化工会工作者队伍，将其作为乡镇（街道）工会专职人员的重要来源。地方工会要通过争取公益性岗位、直接聘用、购买服务等方式，积极发展社会化工会工作者队伍，建立健全选聘、管理、使用等制度。职工2000人以下的乡镇（街道）工会，可配备1名社会化工会工作者；职工2000人以上的，每3000人可配备1名社会化工会工作者。社会化工会工作者可以作为区域性、行业性工会联合会主席（副主席）候选人。各级工会要加大培育工会积极分子和志愿者队伍力度，引导社会力量参与工会工作。

七、提高培训质量。各级工会应高度重视乡镇（街道）工会干部培训工作。省级工会要制定培训规划，市、县级工会根据规划认真组织实施。新任乡镇（街道）工会主席、专职副主席在上岗一年内应参加上级工会组织的脱产培训，并达到合格；其他干部可通过脱产培训、以会代训、交流研讨、网上学习等多种途径，提高理论政策水平和业务工作能力，以适应岗位需求。社会化工会工作者应进行岗前培训。

八、保障工作经费。各级工会要保障乡镇（街道）工会的工作经费，通过经费留成、上级工会补助、财政支持等方式，保障乡镇（街道）工会正常运行。全国总工会每年从对下补助经费中，安排专项资金用于乡镇（街道）工会的工作经费，专款专用。地方工会综合考虑乡镇（街道）辖区内企业、职工数量和工作实际情况，确定一定比例的经费留成，或在本级经费预算中通过转移支付、项目化管理和定额补助等方式给予一定数量的专项经费。开展各种群众性、普惠性服务项目和活动，要积极争取地方政府和社会的支持。

县以上各级工会要在年度本级经费预算中安排专项资金，解决乡镇（街道）社会化工会工作者的经费，并逐步提高其待遇。有条件的地方，上级工会可以向乡镇（街道）工会的非公职人员发放兼职补贴。

九、严格财务监管。乡镇（街道）工会全部收支都要纳入预算管理，按照上级工会的要求编制年度收支预算和决算，严格按照工会财务管理规定所确定的范围使用工会经费，确保工会经费用于服务工会工作和用在职工身上，让工会经费真正惠及职工群众和工会会员。具有社会团体法人资格的乡镇（街道）工会，应按规定开设独立的银行账户，实行财务独立核算；不具备开设独立银行账户或不具备独立核算条件的乡镇（街道）工会，其经费由所在县（市、区）总工会代管。有条件的乡镇（街道）工会可以建立会计核算中心，对所辖小型企业工会实行集中核算，分户管理。乡镇（街道）工会应严格执行工会财务管理的相关规定，强化内部会计监督，实行工会委员会集体领导下的主席负责制，重大收支集体研究决定。强化工会经费的审查监督。

十、建好服务阵地。各级工会要推动乡镇政府、街道办事处帮助解决乡镇（街道）工会办公和会员职工开展活动所必要的场所和设施等。按照"会、站、家"一体化的要求，统筹建好、用好、管好职工服务和活动阵地。乡镇（街道）工会可单独建设服务阵地，也可与党政机构、其他群团组织、辖区内机关、事业单位、企业等共建共享阵地，实现资源有效配置。积极推进"互联网+"工会普惠性服务，建设线上线下融合的区域服务职工平台。引导社会组织为职工提供专业化服务，延伸工作手臂，提升服务质量。

十一、加强组织领导。各级工会要提高政治站位，引导乡镇（街道）工会积极参与加强和创新基层社会治理。将乡镇（街道）

工会建设作为夯实基层基础的重点，列入重要议事日程，加大资金和力量投入，及时研究解决乡镇（街道）工会建设中的重要问题。加强分类指导，引导乡镇（街道）工会按照"六好"标准因地制宜开展工作，不断提升工作水平。鼓励和支持乡镇（街道）工会探索创新，及时总结推广典型经验。加强舆论宣传，为乡镇（街道）工会工作营造良好氛围。

中华全国总工会关于加强和规范区域性、行业性工会联合会建设的意见

（2020年1月15日）

为进一步加强和规范区域性、行业性工会联合会建设，充分发挥区域性、行业性工会联合会作用，深入推进新时代工会工作创新发展，根据《工会法》及《中国工会章程》等有关规定，结合工会基层组织建设实际，提出如下意见。

一、加强和规范区域性、行业性工会联合会建设的重要意义和总体要求

（一）区域性、行业性工会联合会是基层工会的一种组织形式，是由若干个单位在各自成立基层工会组织（基层工会委员会、联合基层工会委员会或基层工会联合会）的基础上，在一定的区域或行业范围内，按照联合制、代表制原则建立的区域性、行业性的基层工会的联合体。

（二）区域性、行业性工会联合会是近年来各级工会在扩大组织覆盖、扩大工作覆盖探索实践中形成的一种有效形式。实践证明，加强区域性、行业性工会联合会建设，对于基层工会组织围绕中心服务大局、促进区域、行业经济持续健康发展，参与基层

社会治理、积极发挥作用，加强维权服务、构建和谐劳动关系，树立以职工为中心的工作导向、夯实工会基层基础，确保职工队伍和工会组织团结统一具有重要意义。

（三）加强和规范区域性、行业性工会联合会建设，要深入学习贯彻习近平总书记关于工人阶级和工会工作的重要论述特别是关于加强工会基层组织建设的重要指示精神，聚焦保持和增强政治性、先进性、群众性，坚持正确政治方向，在党组织领导、政府支持下，通过党建带工建等机制方法有序有力推进；坚持依法依规，做到依法建会、依法管会、依法履职、依法维权，健全完善制度，严格落实制度；坚持产业和地方相结合的工会组织领导原则，着眼组织健全、职责明确、关系顺畅的目标，推动形成自下而上、工作贯通、覆盖不同所有制企业和相关社会组织的组织体系；坚持从实际出发，积极稳妥推进，立足区域、行业所辖基层单位的分布、数量以及职工人数等实际，按照规模适度、便于管理、科学合理的原则进行组建，并确定覆盖范围。

二、区域性、行业性工会联合会的建立

（四）区域性、行业性工会联合会一般建立在县（市、区、旗）及以下范围内。城市工会可根据本地区域、行业发展情况，从实际出发，探索在市级建立行业性工会联合会。

（五）建立区域性、行业性工会联合会，必须坚持在同级党组织和上一级工会的领导下进行。上级工会及时有效跟踪指导服务，严把组建前置环节，严格规范组建程序，积极稳妥推进组建工作。在广泛征求各方面意见特别是覆盖单位意见，进行充分酝酿协商的基础上，经同级党组织同意并报上一级工会批准后成立工会筹备组。筹备组依法依规做好筹备工作。未建立党组织的，在上一级工会领导下进行。

（六）区域性、行业性工会联合会委员会按照联合制、代表制的原则建立。坚持广泛性和代表性，委员由本区域或行业内所覆盖基层工会的主席和适当比例的有关方面代表等组成，所覆盖基层工会数量较多的，区域性、行业性工会联合会委员会委员可以由所覆盖基层工会主席民主推选代表担任；根据工作需要，可吸收政府有关部门代表参加。

（七）区域性、行业性工会联合会委员会的产生适用《工会基层组织选举工作条例》《基层工会会员代表大会条例》等规定。担任区域性、行业性工会联合会主席、副主席职务，必须履行民主程序。区域性、行业性工会联合会主席、副主席可以由全体委员选举产生，也可以由区域性、行业性工会联合会所覆盖基层工会联合组成会员（代表）大会选举产生。区域、行业内的基层单位行政主要负责人不得作为区域性、行业性工会联合会委员会委员人选，行业协会（商会）会长、副会长等不得担任区域性、行业性工会联合会主席、副主席。上级工会派出的工会干部、社会化工会工作者或者区域、行业龙头骨干企业工会主席、社区工作者等可以作为区域性、行业性工会联合会主席、副主席人选。区域性、行业性工会联合会主席、副主席可以专职，也可以兼职，其任期与区域性、行业性工会联合会委员会相同。

（八）区域性、行业性工会联合会委员会委员实行替补、增补制。区域性、行业性工会联合会委员会委员，当其不再担任原工会组织的主要负责人时，其委员职务由其原单位工会新当选的主要负责人经履行民主程序后予以替补。新覆盖基层工会的主要负责人，经履行民主程序，可以增补为区域性、行业性工会联合会委员会委员。

（九）区域性、行业性工会联合会可结合区域、行业实际，制定工会联合会组织办法等。区域性、行业性工会联合会委员会每届任期三年至五年，任期届满应按时换届。特殊情况需提前或延期换届的,应报上一级工会批准。

(十)建立区域性、行业性工会联合会,原则上所覆盖基层工会的组织领导关系、经费拨缴关系和会员会籍关系保持不变。确需调整的,须经县级以上地方工会批准。

(十一)区域性、行业性工会联合会所覆盖区域、行业内的基层单位,应当分别单独建立基层工会组织(基层工会委员会、联合基层工会委员会或基层工会联合会)。

(十二)区域性、行业性工会联合会的名称应根据区域、行业、单位等情况确定,一般为"××(行政区划名称)+××(区域或行业名称)+工会联合会",不能以职业名称或基层工会名称等作为区域性、行业性工会联合会的名称。

(十三)具备条件的区域性、行业性工会联合会,要在上级工会的指导下,及时登记取得社团法人资格,开设独立工会经费账户。

(十四)独立管理经费的区域性、行业性工会联合会,应同时成立工会经费审查委员会。区域性、行业性工会联合会所覆盖基层工会女职工较多的,建立女职工委员会,在工会联合会委员会领导下开展工作。

(十五)建立区域性、行业性工会联合会的,应采取有效措施,逐步实现对区域、行业内的基层工会以及不具备单独建会条件的小微企业和零散就业人员全覆盖。实际履行联合会职能但不规范的,应在上级工会指导下,按照联合制、代表制原则,逐步规范为工会联合会。

三、区域性、行业性工会联合会的主要职责任务

(十六)加强对职工的思想政治引领,承担团结引导职工群众听党话、跟党走的政治责任,推动习近平新时代中国特色社会主义思想进社区、进企业、进车间,深化理想信念教育,教育职工践行社会主义核心价值观，恪守社会公德、职业道德、家庭美德、个人品德，遵守劳动纪律。

（十七）在同级党组织和上级工会的领导下，推动和指导区域、行业内基层单位的工会组建、发展会员等工作，夯实工会基层基础。承担本区域、行业职工代表大会工作机构的职责。

（十八）大力弘扬劳模精神、劳动精神、工匠精神，组织开展具有区域特点、行业特色的劳动和技能竞赛、经济技术创新等活动，建设知识型、技能型、创新型的高素质职工队伍。

（十九）代表和组织职工依照法律规定，通过职工代表大会或其他形式参与本区域、行业民主管理和民主监督。调查研究和反映本区域、行业中涉及职工切身利益的重大问题。

（二十）参与制订本区域、本行业涉及劳动和职工权益的政策、标准等。积极推进区域、行业集体协商，推动建立区域、行业集体合同制度。

（二十一）参与协调劳动关系和调解劳动争议，协商解决涉及职工切身利益问题，为所覆盖区域、行业的基层工会和职工提供法律服务和法律援助。

（二十二）突出行业特色、区域特点、职工需求，强化服务意识、健全服务体系、建立服务机制，精准化、精细化开展服务工作。

四、区域性、行业性工会联合会的工作保障

（二十三）加强区域性、行业性工会联合会工作经费保障，建立区域性、行业性工会联合会建设专项经费，并列入本级工会年度预算，保障工会联合会正常运转。各地工会结合实际，可建立项目补贴办法，实行一事一补。区域性、行业性工会联合会可以争取行政支持，也可在所覆盖基层工会自愿的基础上，由基层工会按照一定比例承担部分工作经费。上级工会要加强对区域性、行业性工会联合会经费使用的指导监督。区域性、行业性工会联合会的经费要做到专款专用。

（二十四）加强区域性、行业性工会联合会办公场地、活动场所、服务阵地建设，根据《基层工会经费收支管理办法》等有关规定，争取多方面、多渠道为区域性、行业性工会联合会办公和开展活动提供必要的设施和活动场所等。

（二十五）各地工会可结合实际，建立区域性、行业性工会联合会工会干部日常性工作补贴制度，对非国家工作人员担任的工会主席、副主席及其他工会干部，可给予适当的工作补贴。

五、加强对区域性、行业性工会联合会建设的领导

（二十六）充分认识加强和规范区域性、行业性工会联合会建设的紧迫性和必要性，把加强对区域性、行业性工会联合会建设摆上重要位置，加强统筹协调、形成工作合力，解决好区域性、行业性工会联合会规范和建设中遇到的矛盾和困难，为区域性、行业性工会联合会作用发挥创造有利条件、提供有力保障，努力把工会联合会建设成深受职工群众信赖的学习型、服务型、创新型职工之家，工会干部努力成为职工群众信赖的娘家人、贴心人。

（二十七）积极探索符合区域性、行业性工会联合会特点的工会干部管理使用方式，拓宽来源渠道，采取专职、兼职、挂职相结合的方式，配备区域性、行业性工会联合会干部。加强教育培训，切实提高工会干部适应岗位需要的能力素质。

（二十八）加强分类指导，注重对已建立的区域性、行业性工会联合会加强规范；立足区域、行业实际，适应职工需求，指导区域性、行业性工会联合会突出工作重点，发挥优势作用。加强调查研究，及时总结推广好典型、好经验，发挥示范引领作用。加强监督检查，严格考核考评，坚持问题导向，督促整改解决，不断提升区域性、行业性工会联合会整体建设水平。

中华全国总工会关于切实维护新就业形态劳动者劳动保障权益的意见

(2021年7月28日　总工发〔2021〕12号)

为深入贯彻落实党的十九大和十九届二中、三中、四中、五中全会精神，贯彻落实习近平总书记关于新就业形态、平台经济的重要讲话和重要指示精神，现就切实维护新就业形态劳动者劳动保障权益工作，提出以下意见。

一、总体要求

(一)重要意义。党中央高度重视维护好新就业形态劳动者劳动保障权益。习近平总书记多次作出明确指示，要求维护好新就业形态劳动者合法权益。新就业形态劳动者在我国经济社会发展中发挥着不可或缺的重要作用，解决好他们在劳动报酬、社会保障、劳动保护、职业培训、组织建设、民主参与和精神文化需求等方面面临的困难和问题，是落实习近平总书记重要指示和党中央决策部署的必然要求，是促进平台经济长期健康发展的必然要求，是工会履行好维权服务基本职责的必然要求。各级工会要充分认识维护新就业形态劳动者劳动保障权益的重要性紧迫性，强化责任担当，积极开拓创新，做实做细各项工作。

(二)指导思想。坚持以习近平新时代中国特色社会主义思想为指导，深入学习贯彻习近平总书记关于工人阶级和工会工作的重要论述，坚持以党建带工建的工作原则，坚持以职工为中心的工作导向，坚持立足大局、顺势而为、审慎稳妥的工作方针，聚焦解决新就业形态劳动者最关心最直接最现实的急难愁盼问题，推动建立健全新就业形态劳动者权益保障机制，不断增强新就业形态劳动者的获得感、幸福感、安全感，最大限度地把新就业形态劳动者吸引过来、组织起来、稳固下来，进一步夯实党长期执政的阶级基础和群众基础。

二、工作举措

（三）强化思想政治引领。切实履行好工会组织的政治责任，坚持不懈用习近平新时代中国特色社会主义思想教育引导新就业形态劳动者，增强他们对中国特色社会主义和社会主义核心价值观的思想认同、情感认同，更加紧密地团结在以习近平同志为核心的党中央周围。深入新就业形态劳动者群体，广泛宣传党的路线方针政策和保障新就业形态劳动者群体权益的政策举措，将党的关怀和温暖及时送达。深入了解新就业形态劳动者群体的思想状况、工作实际、生活需求，引导他们依法理性表达利益诉求。关心关爱新就业形态劳动者，以多样性服务项目实效打动人心、温暖人心、影响人心、凝聚人心，团结引导他们坚定不移听党话、跟党走。

（四）加快推进建会入会。加强对新就业形态劳动者入会问题的研究，加快制定出台相关指导性文件，对建立平台企业工会组织和新就业形态劳动者入会予以引导和规范。强化分类指导，明确时间节点，集中推动重点行业企业特别是头部企业及其下属企业、关联企业依法普遍建立工会组织，积极探索适应货车司机、网约车司机、快递员、外卖配送员等不同职业特点的建会入会方式，通过单独建会、联合建会、行业建会、区域建会等多种方式扩大工会组织覆盖面，最大限度吸引新就业形态劳动者加入工会。保持高度政治责任感和敏锐性，切实维护工人阶级和工会组织的团结统一。

（五）切实维护合法权益。发挥产业工会作用，积极与行业协会、头部企业或企业代表组织就行业计件单价、订单分配、抽成比例、劳动定额、报酬支付办法、进入退出平台规则、工作时间、休息休假、劳动保护、奖惩制度等开展协商，维护新就业形态劳动者的劳动经济权益。督促平台企业在规章制度制定及算法等重大事项确定中严格遵守法律法规要求，通过职工代表大会、劳资恳谈会等民主管理形式听取劳动者意见诉求，保障好劳动者的知情权、参与权、表达权、监督权等民主政治权利。督促平台企业履行社会责任，促进新就业形态劳动者体面劳动、舒心工作、全面发展。加强工会劳动法律监督，配合政府及其有关部门监察执法，针对重大典型违法行为及时发声，真正做到哪里有职工，哪里就应该有工会组织，哪里的职工合法权益受到侵害，哪里的工会就要站出来说话。

（六）推动健全劳动保障法律制度。积极推动和参与制定修改劳动保障法律法规，充分表达新就业形态劳动者意见诉求，使新就业形态劳动者群体各项权益在法律源头上得以保障。配合政府及其有关部门，加快完善工时制度，推进职业伤害保障试点工作。推动司法机关出台相关司法解释和指导案例。

（七）及时提供优质服务。深入开展"尊法守法·携手筑梦"服务农民工公益法律服务行动和劳动用工"法律体检"活动，广泛宣传相关劳动法律法规及政策规定，督促企业合法用工。推动完善社会矛盾纠纷多元预防调处化解综合机制，重点针对职业伤害、工作时间、休息休假、劳动保护等与平台用工密切相关的问题，为新就业形态劳动者提供法律服务。充分利用工会自有资源和社会资源，加强职工之家建设，推进司机之家等服务阵地建设，规范和做好工会户外劳动者服务站点工作，联合开展货车司机职业发展与保障行动、组织和关爱快递员、外卖送餐员行动等。加大普惠服务工作力度，丰富工会服务新就业形态劳动者的内容和方式。针对新就业形态劳动者特点和需求组织各类文体活动，丰富他们的精神文化生活。

（八）提升网上服务水平。加快推进智慧工会建设，紧扣新就业形态劳动者依托互联网平台开展工作的特点，大力推行网上入会方式，创新服务内容和服务模式，让广大新就业形态劳动者全面了解工会、真心向往工会、主动走进工会。构建"互联网+"服务职工体系，完善网上普惠服务、就业服务、技能竞赛、困难帮扶、法律服务等，形成线上线下有机融合、相互支撑的组织体系，为新就业形态劳动者提供更加及时精准的服务。

（九）加强素质能力建设。针对新就业形态劳动者职业特点和需求，开展职业教育培训、岗位技能培训、职业技能竞赛等活动，推动新就业形态劳动者职业素质整体提升。组织开展贴近新就业形态劳动者群体特点的法治宣传教育，提高劳动者维权意识和维权能力。开展心理健康教育，提升新就业形态劳动者适应城市生活、应对困难压力、缓解精神负担的能力。

三、组织保障

（十）加强组织领导。牢固树立大局观念，将新就业形态劳动者劳动权益保障作为当前和今后一段时期各级工会的重点任务，协助党委政府做好工作。各级工会要落实属地责任，成立主要领导任组长，各相关部门和产业工会共同参加的工作领导小组，制定工作方案，明确目标任务、责任分工、时间安排，配强工作力量，加大经费投入，形成一级抓一级、层层抓落实的工作机制。

（十一）深化调查研究。组织干部职工开展赴基层蹲点活动，深入一线蹲点调研，面对面了解新就业形态劳动者权益保障方面存在的突出问题，准确掌握一手资料，有针对性地研究提出对策建议。加强对平台经济领域劳动用工情况及劳动关系发展形势的分析研判，及时发现和积极解决苗头性、倾向性问题，做到早发现、早预警、早处置。

（十二）密切协作配合。积极推动建立工作协调联动机制，形成党委领导、政府支持、各方协同、工会力推、劳动者参与的工作格局。重要情况要第一时间向党委报告、请示。通过与政府联席会议制度及时报告情况、研究问题。充分发挥各级协调劳动关系三方机制作用，及时就新就业形态劳动者权益保障相关重大问题进行沟通协商，推动出台相关制度文件。加强与相关部门、行业协会和头部企业的沟通联系，推动制定相关标准和工作指引，保障劳动者权益。联系和引导劳动关系领域社会组织服务新就业形态劳动者。工会各部门、产业工会要牢固树立"一盘棋"思想，主动担当、密切配合，齐心协力推进工作。

（十三）注重工作实效。坚持问题导向、目标导向，压实责任，细化措施，狠抓落实。在充分摸清情况、掌握困难和问题的基础上谋划解决办法，把新就业形态劳动者满意不满意作为检验工作成效的标准。切实改进工作作风，敢于啃硬骨头，勇于担当、迎难而上，扎实有序推进各项工作。一边推进一边总结，逐步建立健全务实管用的工作机制，形成一批可复制、可推广的典型经验。

（十四）加大宣传力度。充分运用各地主流媒体、工会宣传阵地以及"两微一端"等线上线下宣传手段，面向平台企业和广大新就业形态劳动者开展形式多样的宣传活动，介绍工会的性质、作用和工会维权服务实效。注重培养、选树新就业形态劳动者和平台企业先进典型，及时表彰宣传，发挥示范作用。通过现代媒体平台扩大舆论影响，广泛凝聚共识，推动形成全社会共同关爱和服务新就业形态劳动者群体的良好氛围。

各地工会要根据本意见，结合当地实际研究制定相应的实施办法，认真抓好落实。

图书在版编目（CIP）数据

工会法及相关规定学习汇编／中国法制出版社编
．—北京：中国法制出版社，2022.1
ISBN 978-7-5216-2440-3

Ⅰ.①工… Ⅱ.①中… Ⅲ.①工会法-中国-学习参考资料 Ⅳ.①D922.564

中国版本图书馆CIP数据核字（2021）第275383号

责任编辑：熊林林　　　　　　　　　　　　封面设计：杨鑫宇

工会法及相关规定学习汇编
GONGHUIFA JI XIANGGUAN GUIDING XUEXI HUIBIAN

编者／中国法制出版社
经销／新华书店
印刷／三河市紫恒印装有限公司
开本／880毫米×1230毫米　32开　　　　　印张／7.25　字数／146千
版次／2022年1月第1版　　　　　　　　　　2022年1月第1次印刷

中国法制出版社出版
书号 ISBN 978-7-5216-2440-3　　　　　　　　　　　　　定价：25.00元

北京市西城区西便门西里甲16号西便门办公区
邮政编码：100053　　　　　　　　　　　　　传真：010-63141852
网址：http：//www.zgfzs.com　　　　　　编辑部电话：**010-63141805**
市场营销部电话：**010-63141612**　　　　　印务部电话：**010-63141606**

（如有印装质量问题，请与本社印务部联系。）